AF600035

De libros, bibliomanías y otras extravagancias

José Luis Melero

Premio de las Letras Aragonesas 2024

Patrocinado por

ENATE

De libros, bibliomanías y otras extravagancias

José Luis Melero

El 9 de julio de 2025, el Gobierno de Aragón concedió, ex aequo, a José Luis Melero Rivas y Antonio Rodríguez Castro (Antón Castro) el Premio de las Letras Aragonesas 2024, a propuesta de un jurado presidido por Tomasa Hernández Martín, Consejera de Educación, Cultura y Deporte del Gobierno de Aragón, y en su nombre Pedro Olloqui Burillo, Director General de Cultura, e integrado por Pilar Aguarón Ezpeleta, escritora y presidenta de la Asociación Aragonesa de Escritoras y Escritores; Víctor Juan Borroy, escritor y presidente de Rode de Estudios Aragoneses; Pedro Rújula López, ensayista y exdirector de Prensas de la Universidad de Zaragoza; Rafael Yuste Oliete, poeta y presidente de la Asociación de Editores de Aragón; José Luis Acín Fanlo, director del Centro del Libro de Aragón, y Abigail Pereta Aybar, Jefa del Servicio de Fomento y Difusión de la Cultura y el Libro, que actuó como secretaria.

El jurado propuso a José Luis Melero Rivas por "ser una figura destacada en los proyectos culturales surgidos en Aragón desde hace medio siglo, y por su labor en el mundo cultural aragonés y, en concreto, en el ámbito de los libros como editor, escritor y bibliófilo".

Y a Antonio Rodríguez Castro (Antón Castro) por "su destacada aportación en el ámbito de la comunicación y el periodismo cultural, así como por los distintos géneros literarios que ha cultivado, una obra que tiene como origen y fuente las tierras de Aragón".

Ilustración de cubierta:
Pepe Cerdá

Edita: Gobierno de Aragón

Imprime: INO Reproducciones, S.A.

I.S.B.N.: 978-84-8380-517-6

Depósito Legal: Z 1122-2025

Presentación

El Premio de las Letras Aragonesas siempre ha distinguido, en todas sus convocatorias desde aquella primera de 1995 que recayó en Eloy Fernández Clemente, a aquellas personas que han destacado en el mundo del libro: por la continuada labor como narradores de los ganadores, por su trayectoria como ensayistas, por la promoción y difusión de las letras aragonesas; o por la unión de varias de estas singularidades, pero siempre atendiendo a ese trabajo continuado en las letras, entendidas estas en su globalidad y con el punto de mira más amplio posible.

Desde esa primera distinción, notables son los nombres que año a año van ampliando la destacada lista, que habla a su vez del inmejorable momento que están viviendo las letras aragonesas, de esa edad de oro cada vez más asentada, prestigiada y reconocida dentro y fuera de las lindes de la comunidad aragonesa. Narradores de todo género, ensayistas de varias disciplinas, agentes que mueven y promueven al sector y a sus integrantes, conforman ese elenco que cada año se incrementa con otra destacada figura del libro y de las letras aragonesas.

Lo mismo sucede con la convocatoria correspondiente al año 2024. Pero en este caso no con un nombre, con una persona, sino con dos. Con dos nombres que cumplen con los parámetros enunciados, y no solo con uno de los mismos, sino aunando sus facetas de creadores con la de promotores y difusores de todo lo que encierran las letras aragonesas. Y dos figuras, además, que se implementan y complementan en su producción bibliográfica y en su labor de promoción del libro aragonés y de sus agentes: Antón Rodríguez Castro y José Luis Melero.

José Luis Melero Rivas (Pepe Melero) es otra de las figuras esenciales en el mundo de la cultura y del libro en Aragón. Ha estado involucrado en la gran mayoría de los proyectos que se han llevado a cabo desde hace más de medio siglo: asociacionismo, revistas, actividades, etc. Pero a ello se une su destacada faceta como bibliófilo (generoso, además, pues pone al alcance de cualquier investigador su biblioteca), crítico, editor y difusor de numerosos temas, en ocasiones, los más insólitos y perdidos en las páginas de los libros, relacionados con lo aragonés. Siempre con la idea de situar a Aragón en el lugar que le corresponde.

Por todo ello, porque estas dos personas son las que mejor encarnan el espíritu del premio (la faceta creadora y ensayística con la labor de difusión del libro aragonés y todo lo que va unido a este), el jurado decidió dar esta distinción por primera vez ex aequo a Antón Rodríguez Castro y a José Luis Melero. Porque, además, los dos reflejan a la perfección el momento dorado que viven las letras aragonesas.

Jorge Azcón Navarro
Presidente del Gobierno de Aragón

1 - De libros, bibliomanías y otras extravagancias

Reflexionar sobre la bibliofilia a estas alturas de mi vida se me antoja solemne extravagancia. La pasión por los libros, como casi todas las pasiones, las atempera la edad, y ya no cambio la sonrisa de mis nietos por el mejor de los libros. Sería un excéntrico si pusiera hoy por delante de esa sonrisa a poemarios raros de Josefina de la Torre o Delmira Agustini (aunque bien pensado…, quizás debiera tratar de hacerlos compatibles).

Reflexionar, como voy a hacer aquí, extravagantemente por tanto, sobre la posibilidad —o, mejor, la imposibilidad— de mantener el patrimonio bibliográfico de las bibliotecas particulares más allá de la muerte de quienes las formaron, es una temeridad y produce escalofríos. Como vosotros, amigos lectores, disfrutaréis sin duda de excelentes bibliotecas, me temo que lo que vais a leer a continuación os removerá en los asientos, a pesar de que muchas veces os hayáis hecho ya la fatídica pregunta: "¿Qué será de mis libros?".

Mantener el patrimonio bibliográfico

Mantener el patrimonio bibliográfico, cuando se trata de bibliotecas particulares, es una quimera. Es muy difícil que ese patrimonio se mantenga más allá de una generación. Hay muchas maneras de destruir ese patrimonio. Un conocido librero de Barcelona contó cómo la ignorancia y la cerrazón de unos herederos pueden estropear una gran biblioteca. Llamaron a este librero los herederos de un conocido escritor para venderle su biblioteca. Fue a verla y comprobó que estaba llena de libros valiosísimos, casi todos ellos primeras ediciones de escritores contemporáneos amigos del difunto. Además, puesto que en su mayor parte habían sido enviados por los autores, estaban todos dedicados, algunos de ellos incluso con dibujitos originales de conocidos poetas de la generación del 27. Nuestro librero hizo una importantísima oferta (eso contó él, aunque tratándose de un baratillero o aljabibe hablar de "importantísima oferta" parece un oxímoron), que fue aceptada por los herederos, y quedaron en que al día siguiente pasaría a recoger los libros. Se presentó ese día con una furgoneta para llevárselos a su almacén y antes de comenzar a vaciar las estanterías se le ocurrió hojear de nuevo algunos de esos libros. Cuál no sería su sorpresa cuando observó que en el primero que eligió había desaparecido la portadilla en la que estaba la dedicatoria autógrafa. Cogió otro en el que recordaba haber visto además algunos dibujos junto al texto del envío autógrafo y ocurría lo mismo. Así con todos. Llamó desolado —y a punto de morir de un infarto— al heredero que se había encargado de las negociaciones, le preguntó qué es lo que había ocurrido, y aquel hombre le dijo muy serio que había estado por la noche arrancando todas las hojas que tenían dedicatoria autógrafa (muchas de ellas la portada o portadilla), y en las que por tanto figuraba el nombre del difunto escritor, para que nadie supiese que la familia había vendido sus libros y porque a nadie le importaba conocer la procedencia de los mismos. Estaría muy mal visto en la ciudad, vino a decirle poco más o menos, que los libros de aquel escritor anduvieran por ahí al alcance de cualquiera y que la familia tuviera que oírse que no había querido conservarlos. Mi amigo quería morirse. El trato naturalmente se deshizo porque los libros ya no valían nada y un nuevo desastre bibliográfico se había consumado por la ignorancia de unos herederos irresponsables. Sí es habitual y puede resultar hasta comprensible (aunque extremadamente chapucero) encontrarse el nombre borrado discretamente en las dedicatorias. Pero de ahí a arrancar la hoja entera dista un abismo, pues el libro deja de estar completo y su valor venal desaparece. Creo que acabaron vendiendo los libros casi al peso, o al menos muy depreciados, pues ningún librero serio, claro está, quiso comprárselos en esas condiciones.

Fórmica, Zambrano, Altolaguirre

Todos los bibliófilos hemos comprado libros procedentes de grandes bibliotecas, prueba de que éstas no han podido mantenerse y se han acabado desperdigando. Yo he comprado libros que fueron de Francesc Cambó, José María Gil Robles, Luis Astrana Marín, Ángel González Palencia, Ricardo León, Manuel Machado, Mariano de Cavia, Luis Antón del Olmet, el marqués de Lozoya, César González Ruano, Julio Cortázar, Ernesto Giménez Caballero, Carlos Edmundo de Ory, Carlos Barral, Rafael Cansinos-Asséns, Manuel Chaves Nogales, Julio Caro Baroja, Josefina Carabias, o Mercedes Fórmica, entre otros muchos. Aún recuerdo la alegría que me produjo comprar en Madrid el que fue el ejemplar de Mercedes Fórmica (camisa vieja de Falange, aunque con los años se apartaría del Régimen, y escritora ilustrada, de una extraordinaria cultura) de la primera edición española de *El artista adolescente,* de James Joyce, traducido por Dámaso Alonso, que firmó con el seudónimo de Alfonso Donado. La correspondencia entre el poeta del 27 y futuro director de la Real Academia Española con el escritor irlandés, a propósito de la traducción de *El artista adolescente*, que el madrileño trató de mantener en secreto mediante la utilización de ese seudónimo, se conserva entre los papeles de Alonso que se custodian en el archivo de la RAE. Joyce y Dámaso Alonso no se pusieron de acuerdo en cómo traducir el título del libro, que finalmente apareció en España, en 1926, como *El artista adolescente.* No sería hasta 1976 cuando el libro se publicaría en España con el título de *Retrato del artista adolescente* y se recuperaría el nombre del verdadero traductor, Dámaso Alonso, esta vez sí, sin ningún tipo de seudónimos. Ha estudiado el tema, entre otros, el periodista barcelonés Víctor Fernández.

Y tal vez destaque entre todos los libros que he adquirido procedentes de otras bibliotecas *Isla de Puerto Rico (Nostalgia y esperanza de un mundo mejor)*, de María Zambrano, editado por Manuel Altolaguirre e impreso en la imprenta de La Verónica, en septiembre de 1940 en La Habana, y que lleva una dedicatoria autógrafa a José Lezama Lima, a quien naturalmente pertenecería. Cómo ha podido llegar ese libro de la casa de Lezama en La Habana a la mía de Zaragoza es misterio inextricable que no estoy en condiciones de descifrar. El poeta e impresor de la Generación del 27 Manuel Altolaguirre y su primera esposa, la también poeta Concha Méndez, antigua novia de Luis Buñuel, en su duro exilio llegaron a Cuba a bordo del barco *Saint Domingue*, que había salido de Burdeos el 10 de marzo de 1939. Su intención era ir a México, pero una enfermedad de su hija Paloma les obligó a desembarcar en Santiago de Cuba. Comenzaba así su vida en la isla, que habría de durar hasta 1943. Algunos de los libros por los que más cariño siento de entre los que andan por mi casa son los que Altolaguirre imprimió esos años en Cuba en la imprenta que compró y bautizó con el nombre de La Verónica. En principio creó dos colecciones: una de pequeño formato, "El ciervo herido", y otra más grande que llamó "Héroe" en recuerdo de la que había fundado antes de la guerra en Madrid y en la que apareció uno de mis libros favoritos: *Phoenix* de Manuel Machado. Y durante los años siguientes publicó otros muchos libros fuera de colección, entre ellos el citado *Isla de Puerto Rico (Nostalgia y esperanza de un mundo mejor)* de María Zambrano, y *Sóngoro Cosongo y otros poemas* de Nicolás Guillén, con una carta de Miguel de Unamuno y un precioso retrato del autor obra de Carreño. "El ciervo herido" la dedicó a publicar a poetas en lengua española que hubieran muerto por razón de una guerra, y así aparecieron libros de José Martí, de Garcilaso, de García Lorca… También se publicó en ella, en agosto de 1939, *Sino sangriento y otros poemas*, de Miguel Hernández, porque en

Cuba se creía entonces que el poeta de Orihuela había sido fusilado por las tropas de Franco. En la nota introductoria que Altolaguirre escribió para el libro recordaba que *Sino sangriento* se había publicado antes de la guerra (apareció en *Revista de Occidente* en 1936), llamaba a Hernández "hombre niño del pueblo" y terminaba así: "No puedo recordar que le hice un libro en vida". Pero Miguel Hernández como es bien sabido no iba a morir hasta 1942. Un error de Altolaguirre que ha contribuido a exacerbar la rareza del libro.

Permítaseme que hablando de Manuel Altolaguirre, traiga a colación una de las más tristes anécdotas que leí sobre él. Contó José Antonio Martín Otín, en su libro *La desesperación del té (27 veces Pepín Bello)*, un libro de conversaciones del autor con aquel gran aragonés amigo de Lorca, Buñuel, Dalí y toda la generación del 27, que un día que Manuel Altolaguirre estaba dando un mitin republicano en Valencia vio aterrorizado cómo se extendía ante sus ojos una inmensa pancarta en la que podía leerse: "No te preocupes, que ya hemos matado en Málaga al fascista de tu hermano". Efectivamente, milicianos anarquistas asesinaron a su hermano Luis en las tapias del cementerio de Málaga junto con el poeta José María Hinojosa, y meses después también fue fusilado su hermano Federico, militar y amigo de Franco.

Guillermo de Torre

De la biblioteca de Guillermo de Torre compré *Hélices* y aquel día fue uno de los más felices en el rastro. De un tiempo a esta parte Guillermo de Torre, uno de los primeros poetas ultraístas, que acabó de crítico e historiador de la literatura, se me aparece como un fantasma al que no pudiera dejar de frecuentar. Hace unos meses hablé de él en una de las presentaciones de mi último libro. En el coloquio posterior me pidieron que comentara alguna gran compra que recordara por su rareza o singularidad. Como cualquier bibliófilo veterano, podría contar decenas de ellas. Pero inmediatamente me vino a la cabeza la compra de *Hélices*, de Guillermo de Torre, uno de los más bellos libros de las vanguardias españolas que la editorial Mundo Latino editó en Madrid en 1923 recogiendo sus poemas escritos entre 1918 y 1922. Procedía de su biblioteca. La portada, inolvidable, a dos tintas, era de Rafael Barradas, el portentoso retrato del autor de Vázquez Díaz, y llevaba tres grabados en madera de Norah Borges, la hermana de Jorge Luis Borges con la que Guillermo de Torre se casaría en Buenos Aires cinco años más tarde y a cuya boda asistiría Gerardo Diego, que se hallaba en la capital argentina para dar unas conferencias. Quién les iba a decir a Borges y a Diego —que aquel día de 1928 tal vez compartieran mesa y mantel— que en 1979 recibirían juntos el Premio Cervantes. Es sabido que la concesión 'ex aqueo' del premio a ambos poetas molestó a Borges, de quien se dice que cuando se le acercó Gerardo Diego a estrecharle la mano y se le presentó diciéndole que era Gerardo (pues dada la ceguera del argentino no podía saber quién se la estrechaba), Borges, malvado, le contestó: "¿qué Gerardo?", a lo que éste le respondió: "Diego". Y entonces Borges quiso hacer historia y volvió a preguntar: "¿pero en qué quedamos, Gerardo o Diego?". Los hermanos Borges, acompañados de sus padres, residieron en España (en Palma de Mallorca, Sevilla y Madrid) entre 1919 y 1921, y entraron en contacto con los poetas ultraístas que publicaban la revista *Grecia*: Isaac del Vando Villar, Adriano del Valle, Pedro Garfias... y el propio Guillermo de Torre. Fue precisamente Garfias, que había llevado a Borges a la tertulia de Cansinos, quien le presentaría al argentino a Guillermo de Torre. Y de ahí nació la relación de éste con Norah, a la que Adriano del Valle también habría cortejado sin éxito.

Hélices fue el primer libro de Guillermo de Torre, si nos olvidamos del Manifiesto Ultraísta *Vertical*, que había publicado en Madrid, en noviembre de 1920, como suplemento del número 50 de la revista *Grecia*. Se lo pagó su padre, que era notario (tener un padre notario da mucho juego y si no que se lo pregunten a Dalí, a Carmen Martín Gaite, a Fernando Savater...), y es de una gran rareza y la única muestra de su poesía, que abandonó tempranamente. En él está su poema "Madrigal a bordo", dedicado a la escritora Teresa Wilms, que se había suicidado con una fuerte dosis de veronal en París, la Nochebuena de 1921, cuando solo tenía 28 años, y a la que recordó César González Ruano en *Mi medio siglo se confiesa a medias*: "Era bellísima y estrafalaria. Paseó por nuestra ciudad sus locuras, su capa inverosímil, la calavera de su primer amante y sus excentricidades de morfinómana". *Hélices* fue denostado y ninguneado por algunos (en especial por Julio Casares, Cansinos, Huidobro o Astrana Marín) y Pablo Rojas nos cuenta cómo el propio Gerardo Diego llegó a calificar el libro, en carta a Vicente Huidobro, de "verdaderamente grotesco".

Pues bien, un día de 1994 recibí en casa el catálogo número 100 de la librería Renacimiento de Sevilla. Era su gran catálogo general de literaturas hispánicas. En él, Abelardo Linares ponía a la venta un ejemplar de *Hélices*. Se hallaba intonso y se ofrecía por 60.000 pesetas, una cifra altísima para la época, que pronto se vería superada por el catálogo de la Sala de Subastas Durán, que en febrero de 1998 sacó a subasta un ejemplar con un precio de salida de 90.000 pesetas. A los pocos días de recibir ese catálogo de Renacimiento, encontré *Hélices* en el suelo del Rastro. Pagué por él 25 pesetas. Ese golpe de fortuna fue el que elegí contar aquel día en que me preguntaron por alguna de mis mejores compras.

También hace unas semanas compré la *Antología Poética* de Federico García Lorca que la editorial Pleamar editó en Buenos Aires en 1943, dentro de la preciosa colección Mirto que dirigía Rafael Alberti. ¿Quiénes fueron los responsables de la selección de los versos? Pues el propio Rafael Alberti y nuestro Guillermo de Torre. De nuevo volvía a encontrarme con él y busqué entonces y releí su *Tríptico del sacrificio. Unamuno. García Lorca. Machado*, que publicó en Losada en 1948. De García Lorca no se publicaría nada en España hasta 1944, un año después de la antología de Buenos Aires: serían las *Poesías* que Luciano de Taxonera prologó para la editorial Alhambra.

Y hace unos meses, en uno de mis viajes a Calatayud al Círculo Literario Marcial que dirige mi buen amigo el doctor Manuel Micheto, el vicerrector de la UNED Jesús de Andrés me regaló la monografía de Pablo Rojas *Guillermo de Torre. Por caminos y laberintos*, una extraordinaria biografía del escritor madrileño, que me ha acompañado estos días en una lectura apasionante. Y me entero por ella de que el primer poema que Guillermo de Torre publicó en su vida vio la luz en Aragón, en *El Diario de Huesca*, el 23 de agosto de 1915. Su padre estaba de notario en Fonz y nuestro poeta tenía 15 años. Al año siguiente conocería en Zaragoza a Rafael Barradas y ambos colaborarían en la revista *Paraninfo*, como había contado ya Manuel García Guatas. De Fonz y Huesca a cuñadísimo de Borges. Guillermo de Torre no lo hubiera imaginado nunca.

Antonio Cánovas del Castillo

Tampoco se pudo mantener la biblioteca de Antonio Cánovas del Castillo. He adquirido también libros de esa biblioteca, una de las más importantes que se han formado nunca en España y de la que en 1903 se imprimió un catálogo en tres volúmenes que compré en una subasta en Madrid: *Lista alfabética y por materias de las papeletas que para la redacción de un Catálogo se encontraron en la Biblioteca del Excmo. Señor don Antonio Cánovas del Castillo.* A Menéndez y Pelayo no le gustó nada ese inventario y lo llamó "destartalado catálogo". En esa biblioteca, que a la muerte de Cánovas se repartió entre doce herederos y de la que pudo llegar a comprar aproximadamente una mitad el librero madrileño Pedro Vindel en 1906, estaban, entre otros 30.000 libros primorosamente escogidos, las dos partes de la primera edición del *Quijote* (1605 y 1615) y el manuscrito de *El Buscón*, de Quevedo, que antes había pertenecido al bibliotecario de la Universidad de Sevilla Juan José Bueno y más tarde a José María Asensio, bibliófilo y erudito sevillano que fue quien se lo regaló a Cánovas. Ese manuscrito lo describió así Menéndez y Pelayo en una carta que le envió en 1909 al hispanista francés Raymond Foulché-Delbosc: «El códice, de tamaño muy pequeño, como los clásicos elzevirianos o las ediciones Diamante, era un verdadero primor, una monada. No era autógrafo de Quevedo ni tenía notas suyas. Parecía un ejemplar de regalo, escrito de muy gallarda letra bajo la inspección de su autor». Con el debido respeto a don Marcelino, pero ningún escritor de los que admiro hubiera escrito jamás "monada" ni "gallarda". Vamos a pensar —caritativamente— en que era una simple carta y en que no se esmeró mucho en ella.

Como es sabido, Cánovas fue uno de los grandes bibliófilos de su época y no era infrecuente que interrumpiera un

Consejo de Ministros para atender a quien le llevaba a vender un libro raro. José Lázaro Galdiano también compró muchos ejemplares de la biblioteca del malagueño (alrededor de un millar), conservó el exlibris de Cánovas, salvó los libros más esguardamillados encuadernándolos con decoro, y para que en el futuro pudieran ser siempre identificados hizo grabar en ellos el superlibris: A.C. del C.

El bibliófilo Juan Manuel Sánchez

Otro gran bibliófilo que perdió todo su patrimonio bibliográfico fue Juan Manuel Sánchez. Juan Manuel Sánchez Fernández es, sin duda, el mayor bibliófilo aragonés de todos los tiempos. Firmó alguno de sus libros no con su verdadero nombre sino como "*Un bibliófilo aragonés*". El lema de su exlibris era "Semper idem. Todo por Aragón y para Aragón" y muchos de sus trabajos bibliográficos, para los que se servía de su propia biblioteca, fueron netamente aragoneses.

Nació en Zaragoza en enero de 1874, en el número 47 de la calle del Hospital, actual calle de Ramón y Cajal (he tenido a la vista la partida de nacimiento que amablemente me ha proporcionado el doctor y bibliófilo Ángel Artal Burriel). Estudió el bachillerato en el instituto de su ciudad natal y en su universidad cursó los tres primeros años de la carrera de Medicina, continuándola a partir del curso 1891-1892 en la Universidad de Madrid, donde realizó los exámenes para la obtención de la Licenciatura en Medicina en junio de 1895. Desempeñó el ejercicio de la profesión médica en el cuerpo de Sanidad de la Armada y en 1896 fue destinado a Filipinas. Allí permaneció tres años y de regreso a España inició los trámites burocráticos necesarios para desvincularse del ejército, lo que lograría en 1906. Concluyó entonces su relación con la Armada, tras once años y unos pocos meses de servicio. Su pasión por los libros fue extraordinaria, una pasión que según Pedro Vindel comenzó hacia 1902 y que le llevaría a formar la mejor biblioteca que hubo en España (llegó a reunir una biblioteca de más de 15.000 volúmenes escogidos), y a convertirse en un experto en bibliografía española de los siglos XVI y XVII.

En un principio se interesó por las historias locales, para emular las gestas de dos grandes bibliófilos, Juan Pérez de Guzmán y Boza, Duque de T'Serclaes, y Pedro Miranda, pero finalmente se inclinó por el coleccionismo de libros antiguos. Juan Manuel Sánchez fundó y dirigió en 1911 una publicación periódica, *Archivo de investigaciones históricas: España, América española, Filipinas*, en la que, además de sus propios trabajos, se publicaron otros de Foulché-Delbosc, Bonilla San Martín, Blanca de los Ríos, Julio Puyol o José Gestoso; y publicó, entre otros libros, *Impresores y libros impresos en Aragón en el siglo XVI* (1908) y las ya clásicas *Bibliografía zaragozana del siglo XV* (1908) y *Bibliografía aragonesa del siglo XVI* (1913, el primer tomo, y 1914 el segundo), además de su conocida bibliografía del catecismo del padre Ripalda impresa en 1909: *Doctrina cristiana del P. Jerónimo de Ripalda e intento bibliográfico de la misma. Años 1591-1900.*

Pedro Vindel dejó escrito que Sánchez llegó a reunir "la más importante colección de buenos y raros libros españoles en excelentes ejemplares que hay en España", compuesta de incunables, góticos, libros de caballería, romanceros y cancioneros, primeras ediciones de los siglos XVI y XVII, libros de bibliografía y ultramar, historias locales…, que desgraciadamente tuvo que vender en 1920 "por grandes pérdidas sufridas con otras aficiones distintas a las de los libros" (a causa del juego, según unos, o por la bancarrota sufrida a raíz de unos negocios inmobiliarios, según otros). Parece que un selecto grupo de libros pasó a la biblioteca de su amigo Lázaro Galdiano, y que otra parte pudo adquirirla el marqués de Benavides, a través de Santiago López-Maroto. Éste, bajo el asesoramiento de Manuel Juncosa, "El albañil", mandó imprimir un catálogo de unos pocos libros para venderlos: *Catálogo de libros antiguos, raros y curiosos de la biblioteca de D. Juan Manuel Sánchez que se hallan a la venta en el centro de antigüedades de Santiago López-Maroto, Carrera de San Jerónimo, 44, Madrid. Acompañado de varios facsímiles.* Aquellos libros —497 que se relacionan en el catálogo, más 40 que figuran en un apéndice— se malvendieron, y hace unos meses todavía vi uno de ellos, con su superlibris inconfundible, en la magnífica biblioteca aragonesa que atesora en Madrid el abogado del Estado en excedencia y exquisito bibliófilo y coleccionista de arte Francisco Palá, nieto de aquel gran notario y foralista barbastrense que fue don Francisco Palá Mediano.

Juan Manuel Sánchez, que era muy respetado entre los libreros por su alto poder adquisitivo y entre los estudiosos por sus elevados conocimientos sobre el mundo del libro, quería comprarlo todo. Y eso le costó enemistarse con el marqués de Somió. Pedro Sánchez de Toca, marqués de Somió, llegó a tener en su biblioteca de la calle Serrano, número 56, de Madrid, más de cincuenta mil títulos distintos. Contaba con la enemistad declarada de Juan Manuel Sánchez desde el día en que éste vio que en el taller de encuadernación de Arias estaban encuadernando dos ejemplares del catálogo de la biblioteca del marqués de Jerez de los Caballeros que, por su corta tirada, el bibliógrafo aragonés todavía no había podido adquirir. Preguntó Sánchez a Arias sobre la procedencia de esos ejemplares, y una vez que conoció quién era su propietario (Sánchez de Toca) pidió al encuadernador que transmitiera al marqués su deseo de que le cediera uno de aquellos libros en las condiciones que quisiera fijar. La respuesta de Somió cuando Arias le transmitió el deseo de Juan Manuel Sánchez fue, según nos cuenta Vindel, la siguiente: "Le dice usted al señor Sánchez que si él tiene un millón de pesetas yo también lo tengo y que, además, poseo dos ejemplares de una obra de la cual él no tiene ninguno".

El librero Julián Barbazán contó en sus memorias una escena conmovedora y muy ilustrativa de las flaquezas humanas de ciertos bibliófilos: en la madrileña librería de Gabriel Molina las transacciones se realizaban del siguiente modo: después de comprar una gran biblioteca se avisaba a los clientes más distinguidos y estos mismos desataban los paquetes e iban eligiendo los libros que les interesaban y colocándolos en montones. En el del marqués de Somió, enemigo de nuestro bibliófilo como acabamos de ver, había un libro que interesaba sobremanera a Sánchez. Este madrugó una mañana más de la cuenta y creyendo que nadie lo veía cogió el libro del montón del marqués. Seguidamente se dirigió al propietario de la librería, don Gabriel Molina, y haciendo ver que lo había cogido de otro sitio pidió que se lo cobrase. Molina, que había presenciado la escena, le instó a que dejara el libro en el lugar correspondiente, Sánchez se negó y ambos comenzaron a pelear "a brazo partido", nos dice Barbazán. Sánchez resultó vencedor de aquel disparatado combate y se llevó el libro, olvidándose en la librería el bastón de uso manual, que sería, cuenta Barbazán, "el que habría de usar don Gabriel durante toda su vida".

Juan Antonio Yeves Andrés afirma que no se conoce con precisión qué libros albergaba su biblioteca, pues, como ha ocurrido con muchos otros bibliófilos, acabó dispersándose sin que de ella se hubiese editado el catálogo completo. Solo se conocen los que Sánchez menciona en sus publicaciones sobre libros aragoneses como ejemplares propios y los reseñados en el mencionado catálogo de 1920. Pero sabemos que quienes vieron aquella biblioteca siempre hacían referencia al gran estado de conservación de las obras.

Rafael Sánchez Mazas

Me gustó comprar también algún libro procedente de la biblioteca de Rafael Sánchez Mazas, que alguno de sus hijos, Miguel, Rafael, Gabriela y Chicho Sánchez Ferlosio, tal vez vendiera. Sánchez Mazas fue un personaje peculiar. Lo puso al alcance del gran público Javier Cercas con *Soldados de Salamina* (aunque, según Andrés Trapiello, "la novela de Cercas no va de Sánchez Mazas, sino de Cercas y la idea que este tiene de la memoria histórica, de los hechos "ni probados ni probables" sobre los que dijo basarse para escribirla, y de cómo pasar por real y verdadera una ficción política"), pero ya mucho antes José-Carlos Mainer nos lo había descubierto en *Falange y Literatura*, y el propio Andrés Trapiello, sin duda su mayor valedor, lo había editado convenientemente en Trieste y en La Veleta, donde dio a conocer *Las aguas de Arbeloa* y *Rosa Krüger* en 1983 y 1984, y sus *Poesías* en 1990. Una de las lecturas de mi adolescencia que con más afecto recuerdo fue la de su novela *La vida nueva de Pedrito de Andía*. Sánchez Mazas era el carné número 3 de Falange, por detrás de José Antonio Primo de Rivera y Julio Ruiz de Alda, y, tras la muerte de éstos y de Ramiro Ledesma Ramos (que ya había abandonado la Falange en 1935) y Onésimo Redondo, el más antiguo y destacado miembro vivo del partido fascista español. Fue falangista hasta el final y todavía en su libro *Fundación, Hermandad y Destino* del año 1957 la cita preliminar proclama: "Ni me arrepiento ni me olvido". Fue fusilado en el Monasterio de Santa María del Collell, junto con Jesús Pascual Aguilar (que lo contaría en su libro *Yo fui asesinado por los rojos*) y cuarenta y ocho presos más. Tanto Sánchez Mazas como Pascual Aguilar lograron sobrevivir a aquel fusilamiento masivo, y un tiempo más tarde el primero sería nombrado ministro sin cartera. Recientemente, en mayo de 2025, Maximiliano Fuentes Codera ha escrito una buena biografía de Rafael Sánchez Mazas: *Sánchez Mazas. El falangista que nació tres veces*, donde se cuentan los pormenores del fusilamiento.

No todos han creído, sin embargo, la historia del fusilamiento de Sánchez Mazas. Entre ellos, el escritor y periodista Gregorio Morán, que ya en 1982, en su libro *Los españoles que dejaron de serlo*, advertía que el fusilamiento de Sánchez Mazas no fue sino una leyenda «fabricada gracias a su imaginación y a la ayuda de algunos amigos tan imaginativos y cínicos como él», entre ellos, y de forma destacada, Eugenio Montes. En uno de sus artículos en *La Vanguardia* Morán precisó que la razón por la que Sánchez Mazas se inventó la historia de su fusilamiento en enero de 1939 se debió a que fue él mismo quien habría delatado a todos los miembros que conocía de la quinta columna barcelonesa, veinte de los cuales (entre ellos algunos significados jefes como Carlos Carranceja, José Ferrer y Juan Manuel de Benito) fueron fusilados en las costas de Garraf el 4 de abril de 1938. Debía lavar pues su mala conciencia de delator y tenía buen interés en que corriera la leyenda de que también él se había enfrentado a un pelotón de fusilamiento. Todo podría ser, pero en cualquier caso Gregorio Morán parece olvidar que "los amigos del bosque" que ayudaron y protegieron a Sánchez Mazas en su huida, esos a los que el falangista se encontró en el bosque (Daniel Angelats, Joaquim Figueras y María Ferré), avalaron los hechos y participaron con su testimonio en la película que David Trueba rodó basándose en la novela de Javier Cercas; que Pere Figueras, otro "amigo del bosque" ya fallecido, conservó toda su vida la libreta en la que Sánchez Mazas tomó notas de lo sucedido y que hoy está en poder de su hijo Jaume Figueras; y, sobre todo, que de ese fusilamiento hubo otro superviviente, el aragonés Jesús Pascual Aguilar, escritor y director de cine (llegó a dirigir cinco películas), que contó todo lo sucedido en su mencionado libro *Yo fui asesinado por los rojos*, publicado en Barcelona en 1981, quince años después de la muerte de Sánchez Mazas y mucho antes de que éste alcanzara la popularidad de que hoy goza gracias, en parte, a la reedición que de algunas de sus obras hizo Andrés Trapiello y, sobre todo, a la publicación de *Soldados de Salamina*.

Morán afirmó que, como ministro, Sánchez Mazas no fue ni bueno ni malo. Simplemente, no fue. Ni siquiera asistía a los Consejos de Ministros y se le dejó de invitar a los mismos cuando Franco, harto de ver en la mesa una silla vacía, pidió que la retiraran. Anécdota que no deja de tener su grandeza, pues cuando todo el mundo se peleaba por la más mínima prebenda oficial, un hombre en lo más alto del Régimen rechazaba el privilegio que Franco le otorgaba y despreciaba el sillón ministerial. "Formaba parte de su divisa de que la política le parecía cosa de arrieros", en palabras de Morán.

Algunas dedicatorias

Que los libros se dispersan y el patrimonio bibliográfico de los grandes latifundios se reparte en minifundios lo sabemos desde siempre. Tienen un extraordinario atractivo los libros dedicados por un escritor a otro escritor o personaje famoso, lo que prueba que ni siquiera se conservan los libros enviados por los amigos importantes. Yo tengo muchos de ellos, entre los que destacaría *Corporativismo*, de Ramón Ruiz Alonso —aquel tipógrafo al que sus enemigos conocían como el «obrero amaestrado» y que fue uno de los responsables del asesinato de Federico García Lorca, padre de las actrices Emma Penella, Elisa Montés y Terele Pávez, y abuelo de Emma Ozores—, con una larga dedicatoria autógrafa de casi media página a quien fue su jefe en la CEDA José María Gil Robles, o el diccionario biográfico de *Aragoneses Contemporáneos (1900-1934)*, de Fernando Castán Palomar, que fue de Manuel Chaves Nogales. Parece increíble que hayan podido llegar a mis manos libros que pertenecieron a Gil Robles y a Chaves Nogales, lo que confirma que sus bibliotecas no pudieron conservarse.

Hace años, Aurora Bernárdez, la viuda de Julio Cortázar, le regaló a un buen amigo mío uno de los libros de la biblioteca de su marido: la edición de 1965 de la Editorial Nacional de Cuba de los *Cuentos Ingleses,* de José Rodríguez Feo, dedicada por éste al escritor argentino. Y mi amigo creyó que yo lo custodiaría mejor y me lo regaló. Así que también duerme en mi casa un libro que perteneció a Cortázar.

Y en Málaga le compré a Antonio Mateos tres libros del asturiano Alfonso Camín, todos ellos con dedicatoria autógrafa a Rafael Cansinos Asséns, de cuya casa saldrían para acabar en la mía: *Carey (Poemas de Cuba)*, de 1931, con cubierta de Penagos, *Al son del agua (Cantos de cortejo)*, de 1956, y *Carteles y nuevos poemas*, que se imprimió en México, D.F., en 1958. Ver unidos en esos libros a Camín y a Cansinos fue hermoso y enternecedor.

Recordando a Alfonso Camín

Al pobre Alfonso Camín se le recuerda poco fuera de Asturias. Allí había nacido en 1890 (en Roces, una aldea entonces próxima a Gijón), y allí sí recibió honores y homenajes cuando volvió del exilio en 1967. Sus poemas fueron musicados y grabados por Rafael Lorenzo, pero sus libros apenas han circulado en los últimos años fuera de su tierra natal, que sí se ocupó de ellos, como hizo por ejemplo Llibros del Pexe, que editó sus *Entrevistas literarias*, con un magnífico prólogo de José Luis García Martín, en 1998. En ese prólogo García Martín habló de su "epigonismo estético" para explicar por qué nadie leía ya a Camín fuera de los defensores "del más folclórico regionalismo", y del daño que le habían causado ciertos apologistas como Luis Astrana Marín, a los que nadie podía tomar en serio por lo hiperbólico de sus juicios. "No eres el mejor poeta de hoy: eres el único", escribió Astrana, con lo que venía a confirmarse una vez más que lo exagerado es insignificante.

Su vida fue novelesca. En 1905 emigró a Cuba, donde vivió casi diez años. Trabajó allí en distintos comercios dirigidos por asturianos, y terminó escribiendo en el *Diario de la Marina*, el más importante periódico de la isla. En Cuba estuvo una temporada en la cárcel a consecuencia de una pelea "en la que hubo algún muerto", contó García Martín, y hacia 1915 regresó a España y se instaló en Madrid, donde en seguida entró en contacto con la sociedad literaria del momento. Su espíritu nómada lo llevará de nuevo a Cuba y a México (donde vivió cuatro años) y desde 1922 hasta 1937, en que se exiliará en México, volverá a residir en Madrid, con mayores o menores interrupciones. En 1929 fundó una revista, *Norte*, que se convertiría, como señaló Cansinos, en su más importante fuente de ingresos. En ella publicó una crítica de la famosa antología de Gerardo Diego, en la que, bajo el seudónimo de Juan de Onís y sin ningún rubor, pedía su propia inclusión en la antología, y acusaba a Diego de ser un "pobre muchacho, de desvaído gesto y ademán en penumbra". Al regreso de su exilio vivió en Asturias y en Madrid, y murió en Porceyo, Gijón, en 1982.

Publicó muchos libros y los dos primeros que yo leí de él fueron de entrevistas: *Hombres de España y de América*, una edición especial publicada en La Habana, en la Imprenta Militar, en 1925, con apasionantes entrevistas a grandes figuras de la política y de la cultura como Zuloaga, Tomás Bretón, Valle Inclán, Pedro Luis de Gálvez, Romanones, Melquíades Álvarez, José Nakens, o aragoneses como Ramón y Cajal y Carlos Mendizábal; y *Los hombres y los días*, que editó Renacimiento en 1927 y que yo le compré al librero Inocencio Ruiz sesenta años más tarde. En ese libro se recogían entrevistas a Pérez de Ayala, Julio Romero de Torres, Cansinos, Benavente, Julio Camba, Pastora Imperio, Manuel Machado, Marcelino Domingo y otros muchos.

Hace poco compré en Madrid, en la librería del Prado, la monografía de Camín sobre Pancho Villa, con cubierta de Mauricio Amster, de 1935: *Pancho Villa. Vida y muerte del guerrillero mexicano*, que salió en la colección Biografías populares de la editorial Fénix. Y estoy disfrutando mucho con las peripecias y aventuras del caudillo mexicano, junto con las de su lugarteniente Genovevo de la O —de nombre tan cómico— y las de Madero, Rodolfo Fierro, Tomás Urbina, Rafael Buelna, Emiliano Zapata, el general Felipe Ángeles y otros líderes de la revolución. Cuenta Camín que al cadáver de Pancho Villa le robaron la cabeza. Como al de Goya, que también, a su manera, nunca dejó de ser un guerrillero. Aunque solo lo fuera del arte.

Dedicados e intonsos

Los libros dedicados más interesantes y divertidos son aquellos que se encuentran intonsos, prueba irrefutable de que los receptores, a quienes en la dedicatoria se les suelen atribuir toda clase de virtudes y por quienes el autor habitualmente confiesa sentir rendida admiración, ni siquiera los abrieron. El mejor que tengo es uno de Pedro Laín Entralgo, *Las cuerdas de la lira*, dedicado a Julio Caro Baroja que yo mismo desbarbé para poder leer, porque don Julio no perdió con él ni un minuto. Si Laín lo hubiera sabido… Tampoco César González Ruano se molestó en abrir otro que compré en Madrid en la librería Gulliver y que le había enviado dedicado con sumo afecto un importante poeta de la generación del 36, mi amigo Ildefonso Manuel Gil, a quien desde luego nunca le informé de nada de esto para que pudiera seguir teniendo un buen recuerdo de Ruano.

Más libros dedicados

Eloy Fernández Clemente, uno de los fundadores de la revista *Andalán* y catedrático de Historia Económica en la Universidad de Zaragoza, me regaló en 2013 una primera edición de Rafael Alberti dedicada por éste en Buenos Aires, en 1940, nada menos que a Felipe Jiménez de Asúa (hermano de Luis, el célebre penalista, político republicano y presidente de la República en el exilio), que fue catedrático de histología en Zaragoza desde 1926 hasta su definitiva marcha a Argentina y autor, en 1941, de un libro que conocen bien todos los cajalianos: *El pensamiento vivo de Cajal.* Nunca sabré cómo llegó ese libro de casa de Jiménez de Asúa en Buenos Aires a la de Fernández Clemente en Zaragoza. No se lo pregunté en su día y ya nunca podré hacerlo, pues mi querido Eloy murió en diciembre de 2022.

A mí me han gustado siempre mucho las dedicatorias y recuerdo algunas memorables: la de Manuel García Morente a José Gaos: "A mi buen Pepe Gaos, que está tan cerca de mi corazón que cuando le miro me veo y cuando me miro le veo"; la de Carmen Martín Gaite a Andrés Trapiello: "Quien quiera humillarte, no pueda. A quien puedas humillar, no quieras"; o la de Miguel Labordeta a Carlos Edmundo de Ory: "Para C.E. de Ory, el poeta más cojonudo de España". Esta la tengo en casa y se la puso Labordeta a Ory en un ejemplar de la primera edición de *Violento idílico* que compré hace años. El libro es una pequeña joya, lo mires como lo mires: fue editado en Madrid por la librería Clan, es decir por el poeta y galerista de vanguardia Tomás Seral y Casas, en 1949, recuperando la colección Cuadernos de Poesía que había inaugurado el propio Seral en 1934 con *Cadera del insomnio.* La colección publicó en Zaragoza cinco libros hasta 1936 (el último fue el de Gil Comín Gargallo, *Rémora y evasión*), en que la guerra la hizo desaparecer. En 1949

Seral decidió volver a publicarla y editó ese mismo año tres libros, los números 6, de Juan Eduardo Cirlot, 7, de Juan Gil-Albert, y el de Ory que hizo el número 8, con una corta tirada de 200 ejemplares numerados.

Conocí a cinco poetas de la generación del 27 y los cinco me firmaron libros. En realidad, solo compartí con ellos unas pocas horas de mi vida, pero al menos fueron suficientes para disfrutar de algunas dedicatorias. A Vicente Aleixandre lo visité en su chalet de Velintonia. Le había escrito para anunciarle mi visita el poeta Luciano Gracia, con quien el sevillano mantenía relación epistolar desde la edición definitiva de *Mundo a solas* en la zaragozana colección Fuendetodos. Le llevé unas frutas de Aragón, leí algunos poemas y le pregunté sobre el soldado aragonés al que había dedicado el último de *Los Encuentros.*

A casa de Dámaso Alonso fui con Luciano. Éste, que era un socarrón impenitente, le dijo que yo era poeta (yo tenía de poeta lo mismo que Mateo Morral de monárquico alfonsino) y don Dámaso le dedicó *Hijos de la ira* "Al poeta José Luis Melero con el afecto de su amigo Dámaso". Todo era mentira, como ocurre siempre en las dedicatorias de compromiso: ni éramos amigos, ni el bueno de don Dámaso me tenía afecto, ni yo era poeta. Pero cuando se habla de poesía en mi casa y la discusión sube de tono, yo saco ese ejemplar y hago valer mi condición de vate con certificado de calidad expedido por el maestro Dámaso Alonso.

La madre de un amigo mío de Valladolid había trabajado con Jorge Guillén. Aquello fue suficiente para que me abriera las puertas de su casa de Málaga. Le pedí un poema para nuestra revista *Rolde* y me entregó uno manuscrito que publicamos en facsímil en abril de 1983. A Gerardo Diego lo conocí en Madrid y casi no hablé con él. En realidad, debía de hablar poco con todo el mundo. Y a Alberti lo vi dos veces en Zaragoza: una en los camerinos del Principal a donde me llevaron a conocerlo tras una lectura con Nuria Espert y otra en un recital en Ibercaja. Esta vez fui a saludarlo pertrechado de un rotulador y mi ejemplar de *Sobre los ángeles*. En la fila que se formó, delante de mí, un muchacho llevaba una gran cartulina y un estuche de pinturas. Cuando nos tocó el turno, aquel tipo desplegó la cartulina, le entregó a Alberti los lápices y éste estuvo cinco minutos que se me hicieron eternos dibujándole una gigantesca y vistosísima paloma que adornó al menos con media docena de colores distintos. A mí, como a la paloma, también me iba cambiando el color. Como gastó todas sus energías con aquel sujeto incalificable, cuya paloma ojalá se pudra en el infierno, Alberti solo me garabateó, con mi birria de rotulador, un angelote tan desangelado y chapucero que no se sabía si era un querubín o un chorizo de Cantimpalos. Y me fui a casa con tal cara de tonto que al llegar mi mujer me preguntó si me había dado un ictus a lo Marichalar.

Jesús Marchamalo le ha dedicado a esta suerte de fetichismo un libro precioso, *Dedicatorias. Un siglo de libros dedicados*, en el que cuenta, entre otras muchas cosas, el hallazgo de la firma de Rabindranath Tagore en la hojita de una agenda que alguien pegó en una de las páginas de cortesía de un libro del poeta, acompañado de una fotografía de éste tomada en la estación de Copenhague en septiembre de 1926, y recoge algunas dedicatorias inolvidables de Paul Valéry (a Margarita de Pedroso), Valle Inclán, García Márquez (al propio Marchamalo: "Para / Jesús / ¡Jesús!")...

Falsificaciones

Fue en una Feria de Libro Viejo hace unos quince años. En tres casetas casi consecutivas encontré otras tantas primeras ediciones dedicadas por Gabriel García Márquez. Pedí precio por la primera, y la habría comprado de haber sido éste razonable pues no tengo en casa ningún libro dedicado por el escritor. Luego, cuando descubrí los otros dos ejemplares, la cosa empezó a olerme mal. Le comenté lo que acababa de ver a un buen amigo librero que también tenía caseta en la Feria y me desveló lo que estaba pasando: alguien había ido vendiendo la tarde anterior ejemplares dedicados por García Márquez. Las dedicatorias estaban falsificadas, me aseguró, aunque las réplicas eran muy buenas. En algunos puestos habían comprado esos ejemplares y a él mismo también llegaron a ofrecérselos, pero mi amigo reconoció en seguida al vendedor: era el mismo que unos años antes ya había pasado por la Feria tratando de vender el *Poema del cante jondo* de Lorca dedicado. Yo recordaba aquel caso, porque fue muy comentado en su día. Tanto una como otra caligrafía (la de Lorca y la de García Márquez) no son difíciles de imitar y aquel hombre debía de ser un experto en falsificarlas. El libro de Lorca no pudo al parecer colocárselo a nadie (pues pedía mucho dinero por él, tal vez para hacer creíble la estafa) pero los de Gabriel García Márquez eran mucho más modernos y, por tanto, mucho más baratos, y muy fáciles de endosar a libreros ignorantes o sin escrúpulos. Me salvó la avaricia de aquel primer librero, pues de haberme pedido una cifra sensata ahora yo presumiría de tener en casa un Gabriel García Márquez con dedicatoria autógrafa ¡falsificada! O me callaría por vergüenza para no tener que reconocer el engaño. Vaya usted a saber. Ahora me da por mirar una y otra vez un Juan Ramón Jiménez que tengo dedicado. No sé si veo fantasmas, pero la cosa me da mala espina.

Recuperación del patrimonio bibliográfico: Miguel Hernández, Pablo Neruda, José Bergamín y Juan Ramón

Tratar de recuperar el patrimonio bibliográfico personal que uno ha perdido también ha sido habitual. Relata el Premio Nacional de Periodismo Cultural, Jesús Marchamalo, la conocida historia de cómo Miguel Hernández ayudó a Vicente Aleixandre a rescatar algunos libros de su casa de la calle Velintonia, convertida en frente de guerra en noviembre de 1936. En pleno invierno, muertos de frío, Miguel Hernández llevó hasta su casa a un Aleixandre enfermo, sentado en un carrito de frutero, entre casas y edificios destruidos. Rescataron apenas media docena de libros manchados y pisoteados. Entre ellos, un ejemplar de *Pasión de la tierra*, que Aleixandre conservaría toda su vida, "reencuadernado, pero con las marcas de barro y de suelas de botas con las que lo recogió".

Es muy hermosa la historia que le ocurrió a Javier Marías con un libro de Pablo Neruda dedicado a Guillermo Cabrera Infante. Apareció, carísimo, en el catálogo de una librería de Boston. Era uno de los libros que Cabrera Infante se había visto obligado a dejar en Cuba cuando se exilió, y le pidió a Marías que indagara acerca de cómo había llegado ese libro —se trataba de *Canción de gesta*— a manos de aquel librero americano. Marías, imaginando que Cabrera Infante deseaba recuperarlo, decidió comprarlo y regalárselo. Así lo hizo y se lo mandó a su casa de Londres. Pero el escritor cubano, que sabía cuál era el altísimo precio que pedían por aquel libro, se negó a aceptarlo y se lo devolvió. Esta vez fue Cabrera, en su condición de legítimo propietario del libro antes de que se lo robaran en La Habana, quien se lo dedicó a Marías, así que ahora ese ejemplar de *Canción de gesta* tiene una doble dedicatoria: la de Neruda a Cabrera Infante y la de éste a Marías. El día que este libro salga de nuevo a la venta, porque tarde o temprano saldrá, el valor del libro, con esta historia de las dedicatorias tan literaria, se habrá disparado de tal forma que el librero de Boston del momento va a tener que pagar una verdadera fortuna para hacerse con él.

Cuando terminó la guerra, las casas de muchos escritores republicanos fueron pasto de requisas y saqueos. El poeta del 27 Adriano del Valle se presentó en las oficinas de *Cruz y Raya*, la revista y editorial de José Bergamín, y se llevó una gran cantidad de libros y revistas, entre las que se encontraban las que Juan Ramón Jiménez había editado en los años anteriores a la Guerra Civil. Adriano del Valle, según Víctor Fernández, vendió algunos de esos tesoros algunos años más tarde al poeta y crítico de arte Rafael Santos Torroella. Bergamín nunca pudo recuperar su patrimonio bibliográfico. Parte de él se halla hoy en el archivo Santos Torroella que fue adquirido por el Ayuntamiento de Girona.

Tuvo algo más de suerte Juan Ramón Jiménez. Se llevaron los libros de su biblioteca Félix Ros, Carlos Martínez Barbeito y Carlos Sentís. Se sabe que fueron ellos quienes saquearon su casa de la calle Padilla, número 38, porque los reconoció Luisa Andrés, la "joven y heroica cocinera" —como la llamó Juan Ramón— de los Jiménez-Camprubí. Lo investigó y lo contó en un excelente reportaje Víctor Fernández, el gran periodista de *La Razón*, aunque Juan Ramón ya había hablado de ello en su libro póstumo *Guerra en España (1936-1953)*, que preparó y ordenó el poeta Ángel Crespo y publicó Seix Barral en 1985. Juan Ramón llamó en ese libro a Félix Ros "el joven ratero catalán" y relató así el suceso: "engañaron a mi criada Luisa (...) le dijeron que iban a recojer (sic) mis (...) para guardarlos mejor, y ella cayó en la trampa. Fueron varias veces. Se llevaron todos mis paquetes de manuscritos, cartas, (...) y además, por si hubiera duda, la máq. [máquina] de escribir, el gramófono, los discos...".

Juan Ramón supo que de "estos jóvenes maleantes… dos vinieron de Barcelona especialmente a consumar la hazaña" y se llevaron "muchos trabajos inéditos para guardarlos ellos, según dijeron. Esperamos que pronto serán reintegrados, pues buenos amigos han intervenido en el asunto".

El poeta Luis Felipe Vivanco fue uno de esos buenos amigos que cuidó de los originales sustraídos y los custodió en el Centro de Estudios Históricos. Juan Guerrero Ruiz hizo algunas gestiones ante José María Pemán para conseguir la devolución de lo robado, y le contó a Juan Ramón que Félix Ros —que culpaba a Carlos Sentís, secretario particular de Rafael Sánchez Mazas cuando éste era ministro— había confesado su participación en el saqueo e iba a devolver 27 volúmenes que tenía en su biblioteca procedentes de Padilla. El propio Juan Ramón se dirigió por carta al propio Sánchez Mazas pidiéndole ayuda para recuperar sus papeles y libros, y hasta en dos ocasiones al mismo Sentís, asegurándole que no le guardaba rencor y que solo quería que le devolviera el material robado. Dice Fernández que "Ros y Martínez Barbeito fueron devolviendo parte de lo robado. Nunca le llegó todo a Juan Ramón Jiménez como le habían prometido, pese al empeño de Guerrero Ruiz y Luis Felipe Vivanco. Entre esas piezas sigue hoy en día sin aparecer el retrato que en 1916 realizó Vázquez Díaz a Juan Ramón y que tanto quería el poeta. Sentís negó hasta su muerte, en 2011, haber participado en el robo, aunque hoy nadie duda de su implicación en esos hechos". También Andrés Trapiello aseguró en *Las armas y las letras* que Félix Ros no devolvió todos los libros robados.

Perder los libros. Vargas Llosa y Foxá

El patrimonio bibliográfico se pierde también en los viajes y traslados. Vargas Llosa, contó Jesús Marchamalo, dejó en Perú, en 1958, cuando se vino a Europa, mil libros guardados cuidadosamente en cajas, en el desván de la casa de sus abuelos. Cuando volvió, cinco años después, todos estaban enmohecidos o con polilla. Uno de ellos, que desapareció, era un libro de Pascual de Gayangos sobre novelas de caballerías. Lo encontró años más tarde en un anticuario.

Perdió también Vargas Llosa la primera edición de *Los jefes*, aquel libro iniciático que firmó como Mario Vargas y que le publicó Editorial Rocas en 1959. Sin yo saber nada, naturalmente, el día que nos conocimos le llevé precisamente esa primera edición para que me la firmara. Vargas Llosa se emocionó al verla y me confesó que no había visto ningún ejemplar del libro desde que salió de Arequipa. Me lo pidió abiertamente y yo le respondí con franqueza aragonesa, que es como aquí llamamos a la descortesía: "Ni hablar. No me conoce usted. Yo no me desprendo de este libro por nada del mundo". Vargas Llosa sonrió amable y educado, disculpó mi rudeza y me dijo: "Lo entiendo, yo en su caso haría lo mismo".

También Agustín de Foxá perdió muchos de sus libros en sus sucesivos destinos diplomáticos. Tengo algunos de ellos. En la Guerra Civil, a Foxá le salvaron la vida sus amigos escritores: Altolaguirre (que le había editado su primer libro en Ediciones Héroe, *La niña del caracol*, desde luego a costa del autor como éste le confesaría a Marino Gómez Santos), Bergamín, Cernuda, Alberti, María Zambrano... A la malagueña le había dedicado ya un romance en ese libro, el más difícil de encontrar entre los suyos, que vio la luz en febrero de 1933. Ese romance era, sorprendentemente, el de Alfonso XII, lo que tal vez explicaría ciertas relaciones de Zambrano con monárquicos y futuros sublevados, razón por la que Bergamín le aconsejaría marcharse fuera de España al comienzo de la guerra.

Agustín de Foxá, conde de Foxá y marqués de Armendáriz, dejó una de las grandes novelas de la Guerra, *Madrid de Corte a cheka*, escrita en el café Novelty de Salamanca y publicada en Pamplona por Ediciones Jerarquía en abril de 1938, y un puñado de libros de poesía, de viajes, de teatro (su *Baile en Capitanía*, inspirado en una tía suya que murió de amor porque no le dejaron casarse con el hombre al que quería, fue su gran éxito teatral)..., que lo convirtieron en uno de los escritores más representativos de la Falange. Porque Foxá, pese a ser un aristócrata, fue siempre falangista. Un falangista de primera hora, es decir, camisa vieja, quizá más por su amistad con José Antonio Primo de Rivera que por convencimiento programático, un falangista, eso sí, de tono humorístico y un poco cínico (a Foxá se le atribuye la famosa frase de "odio a los comunistas porque por su culpa me tuve que hacer fascista"; y aquella otra de "Soy conde. Soy gordo. Soy diplomático. Soy académico. ¡Cómo no voy a ser reaccionario!").

Fue Foxá uno de los autores de la letra del *Cara al sol*. Habían visto *Tiempos modernos* de Chaplin esa tarde. Del cine se fueron a cenar a Or-Kompón, un restaurante de la calle Miguel Moya. En el sótano había un piano y allí, con el maestro Tellería, que tenía preparadas dos o tres melodías, escribieron a los postres el himno falangista. Estaban esa noche, según el propio Foxá, José Antonio, Rafael Sánchez Mazas, Dionisio Ridruejo, José María Alfaro, Pedro Mourlane Michelena y Agustín Aznar, además de él. Otras fuentes aseguran que también se hallaba allí Jacinto Miquelarena, pero Foxá no lo nombra. Sobre quién escribió cada verso hay múltiples versiones. Foxá se atribuye la primera estrofa ("Cara al sol, con la camisa nueva / que tú bordaste en rojo ayer/ me hallará la muerte si me lleva / y no te vuelvo a ver");

la de "Volverán banderas victoriosas" asegura que la escribió Alfaro; y la última, "Volverá a reír la primavera", fue obra de José Antonio, con aportaciones de Ridruejo y con un verso entero de don Pedro Mourlane: "que por cielo, tierra y mar se espera".

En el caso del fusilamiento de Sánchez Mazas, cuando se supo que éste se había salvado y que estaba descansando en Barcelona, Foxá escribió un artículo sobre su amigo, que se publicó en muchos periódicos españoles, en el que celebraba su "vuelta a la vida" y en el que aseguraba que Franco propuso siete veces el canje de Sánchez Mazas, a lo que el gobierno republicano siempre se opuso dada su cercanía con José Antonio y su ascendencia en la Falange.

Había llegado Foxá a asistir a la tertulia de Valle-Inclán en la Granja del Henar, a la de Benavente en El Gato Negro, y a la de los hermanos Machado en el café Varela, y le dio tiempo a entregarle a Lorca, dedicado, su segundo libro de poemas (también pagado por él), *El toro, la muerte y el agua*. Ese día le recomendó al granadino que se fuera a Biarritz. Lorca no le hizo caso ("la sugerencia del conde le pareció una extravagancia", escribió Trapiello) y se marchó a Granada. De haber seguido el consejo de Foxá, Lorca hubiera salvado la vida. Para Foxá, que había estado en el estreno de *Bodas de sangre* y había aplaudido calurosamente la obra, "Lorca era deslumbrante; cantaba, tocaba el piano, recitaba, imitaba a la gente con mucha gracia. Era poeta, pero tenía mucho de artista, como un tocador de guitarra o un banderillero", y añadía que "desde el principio fue como un relámpago, como una erupción volcánica".

Foxá le contó a Marino Gómez Santos que sus primeros destinos diplomáticos fueron Rumanía ("un país delicioso, con los campesinos vestidos en el campo como en una zarzuela") y Bulgaria, donde un judío sefardita que lo llamaba "mancebo escribano", en lugar de "joven escritor", le dio la noticia de que se había proclamado la República en España.

Yo me pregunté al leer esto qué clase de diplomático era ese que se tiene que enterar de un cambio de régimen en su país por un señor de la calle. Pasó la guerra en Salamanca, Burgos... y un mes con Carlos Sentís (aquel que como hemos visto había saqueado la biblioteca de Juan Ramón Jiménez en su casa de la calle Padilla, 38), en antitanques, en Calatayud. En plena guerra, Rafael Rivelles e Isabel Garcés le estrenaron en San Sebastián su drama poético *Cui-Pin-Sing*, que publicaría Escelicer en Madrid, en 1940. Anduvo en misiones diplomáticas por Helsinki, Montevideo, Buenos Aires, La Habana y Manila, y Juan Ignacio Luca de Tena, Gregorio Marañón y el duque de Maura lo llevarían a la Academia, con la ayuda de Emilio García Gómez y José María de Cossío, pero no llegó a leer el discurso de ingreso.

De su infancia recordaba la procesión del Dios Grande y del Dios Chico, en la que se llevaba la extremaunción a los viejos de un hospital al que, sin atisbo de piedad, llamaban de "Los incurables". Su mujer, guapísima, se la pegaba, pero Foxá se resignaba: "Prefiero un bombón para dos, que una m... para mí solo". Murió alcoholizado en 1959, a los 53 años.

Las erratas

Dentro del patrimonio bibliográfico son muy buscados los libros con erratas divertidas. Raro es el que se libra de las malditas erratas, pero algunas cuantas mueven a risa (pese a que al autor nunca le hagan nin guna gracia) y aquellos libros que las contienen son los que se buscan con ahínco. Se dice que cuando Eva Perón visitó España en 1947 un conocido periódico madrileño hubo de retirar a toda prisa la edición porque un pie de foto en el que se había escrito "Eva Perón frunce el ceño" acabó convertido en "Eva Perón frunce el co...". Y José Esteban contaba en uno de sus libros que el poeta Ramón de Garciasol mandó a *Ínsula* un poema en el que podía leerse: "Y Mariuca se duerme y yo me voy de puntillas". Cuando ese alejandrino apareció publicado en la revista, la sola desaparición de una "n" lo había hecho ya mucho más divertido: "Y Mariuca se duerme y yo me voy de putillas". Más divertido para todos menos para Mariuca, su mujer, que debió de montarle un escándalo de padre y muy señor mío. Y es que las erratas han sido siempre la maldición de los escritores: Juan Ramón Jiménez enfermaba al ver una errata en sus libros, y Jesús Marchamalo nos ha recordado que el de Moguer, que llegó a pensar en la posibilidad de imprimírselos él mismo para asegurarse de la pulcritud de sus ediciones, escribió un precioso endecasílabo: "Voy a morir un día de una errata".

En Aragón también disfrutamos de dos erratas históricas: la de la primera edición de *Míster Witt en el Cantón,* de Ramón J. Sender, que convirtió el himno inglés "God save the King" en "God shave the King", con lo que Dios en vez de salvar al rey lo afeitaba; y la del colofón de *El que cuenta las sílabas,* del poeta Manuel Estevan, que nos informaba de que el libro se acabó de imprimir cuando el poeta "cumple su primer siglo de vida". En realidad, el poeta acababa de cumplir

50 años y los duendes se comieron la palabra "medio": "su primer medio siglo de vida" era lo que en realidad debería haberse impreso. A mí los malditos duendes también me infligieron una tremenda errata en uno de mis artículos: yo escribí que Concha Méndez "acabaría casándose con Manuel Altolaguirre y cuidando a Luis Cernuda", y, tras la misteriosa desaparición de "cuidando a", doña Concha terminó matrimoniando con ambos, lo que en el caso de Cernuda hubiera sido verdaderamente prodigioso. A mí, desde luego, no me hizo ninguna gracia esa errata, como tampoco se la hizo a Francisco Mendoza Díaz-Maroto las muchas que aparecieron en un libro suyo de 1983, escrito en colaboración con Luis Guillermo García-Saúco, las cuales, pese a sus muchos requerimientos y diligencias, dejó sin corregir el impresor, "con cuya piel ojalá se encuadernen los libros de registro del infierno", como lo maldijo, con desparpajo y gracejo, el propio Mendoza en *La pasión por los libros.*

Cuando el número de erratas en un libro es desproporcionado, éste pasa a convertirse también en alimento de coleccionistas y comienza a ser un libro muy buscado. Es lo que ocurre con la primera edición de *Paradiso*, de José Lezama Lima, de 1966, que tiene nada más y nada menos que ¡798! erratas. Yo también sucumbí a la tentación de comprarla, pero en este caso no por las erratas sino porque el ejemplar que adquirí llevaba la firma de mi amigo José Antonio Labordeta. Fue su ejemplar, que debió de prestar a alguien sin escrúpulos que no se lo devolvió, y acabó en la librería de viejo. Prestando libros, como se ve, también se facilita la dispersión de los libros de nuestras bibliotecas.

A la muerte de los bibliófilos

Es sabido que, a la muerte del bibliófilo, su patrimonio bibliográfico suele durar muy poco tiempo. Uno de los grandes bibliófilos de la historia de España fue don Pedro Miranda. La mujer de don Pedro Miranda, como les ha ocurrido tradicionalmente a tantos bibliófilos, no compartía con su marido aquella pasión desmedida por los libros, así que el hombre tenía que ingeniárselas como podía. Cuenta Vindel que "este señor, que vive en la calle de Serrano, número 5, bajo, deja abierto discretamente un balcón de su despacho-biblioteca, por el que arroja los libros dentro, desde la calle, y así, cuando llama al timbre y le abren la puerta, no lleva ningún libro en las manos". Naturalmente, en cuanto murió don Pedro su viuda vendió todos sus libros. Corría el año 1918 y en la prensa de Madrid y Barcelona pudo leerse el siguiente anuncio: "Bibliófilos: la biblioteca del Excmo. Sr. D. Pedro Miranda, hoy de su señora viuda, que consta de unos 20.000 libros de Historia, Genealogía, Heráldica, Literatura y Bellas Artes, se venderá al detalle, calle de Serrano, 5, Madrid. La venta comenzará el 19 de abril, de diez a una y de tres a siete".

Hay en este sentido un par de anécdotas muy ilustrativas que me relató un conocido librero de Barcelona y buen amigo mío. Una de ellas hacía referencia al poco tiempo que tardan las viudas de los bibliófilos en desprenderse de sus bibliotecas. En cierta ocasión una de estas viudas le llamó para venderle los libros de su marido. Le dio la dirección y resultó tratarse de una vieja casa del Ensanche barcelonés sin ascensor. Llegó a la casa el librero y delante de él, por la estrecha escalera, subían dos empleados de una funeraria con un ataúd vacío. "¿No irán éstos…?", se preguntó mi amigo. Pues sí, efectivamente, sí iban. Se pararon delante del mismo piso que le habían dicho por teléfono a nuestro librero. Abrió la viuda la puerta, pasaron los de la funeraria con el féretro y detrás mi amigo el librero a comprar los libros. Aún estaba el difunto en la cama de cuerpo presente cuando sus libros iban a parar ya a manos del librero de viejo.

La otra anécdota hace referencia también a la venta de los libros del marido por parte de su viuda. Estaba el librero comprando esos libros en casa del difunto cuando vio una serie de tomos de *El año cristiano* que ningún librero quiere porque, como la mayoría de los libros religiosos, apenas tienen mercado. Mi amigo dijo, señalándolos con la mano, que no iba a comprar aquellos libros, pero la dueña de la casa casi imploró para que se los llevara. "Deme lo que quiera" —le decía la propietaria, una buena mujer vestida toda de negro que lloraba todavía la ausencia de su virtuoso esposo— "pero lléveselos porque me recuerdan mucho a mi marido". "Siempre estaba leyéndolos", continuaba la mujer. Al final mi amigo se los llevó con intención de dárselos al trapero, pero al llegar al almacén se le ocurrió abrirlos y lo que allí vio casi le cambió la vida. Nuestro lector de *El año cristiano* había abierto un cuadrado en el interior de cada uno de esos tomos y allí tenía escondidas centenares de novelas pornográficas de finales del siglo XIX y principios del XX, cromotipias y postales sicalípticas de la misma época, en fin, un material dificilísimo de encontrar y por el que mi amigo obtuvo, vendiéndolo poco a poco a coleccionistas de este tipo de publicaciones, un auténtico dineral. Y la buena señora pensando que su marido era un cristiano ejemplar…

Los libros nos invaden

Es muy difícil mantener el patrimonio bibliográfico privado porque los libros lo colonizan todo. Alfonso Reyes escribía a las editoriales para pedirles que no le mandaran más libros; Fernando Arrabal no se puede cambiar de casa porque no encuentra ningún lugar suficientemente grande donde poder guardar los libros, y Dámaso Alonso, tal y como le confesó jocosamente a Manuel Vicent, se ponía en la puerta de su casa después de desayunar, con los brazos abiertos, para evitar que entrara un solo libro más en ella. El cubano Gastón Baquero tenía libros hasta en la bañera (y Marchamalo apostilla: "aunque éste es un dato que agradecería que no saliera de aquí"), costumbre que compartía con Benjamín Jarnés, aunque de éste nos consta, según testimonio de su amigo Ildefonso-Manuel Gil, que al menos tenía dos bañeras en su casa del paseo de Santa Engracia de Madrid.

¿Qué pasará con el manuscrito de *Volverás a Región*, de Juan Benet, que el novelista e ingeniero de caminos le regaló a Félix de Azúa un día por su cumpleaños y que éste guarda en su biblioteca? ¿Qué con la carta autógrafa de Verlaine que conserva Luis Antonio de Villena o con la primera edición de *Madame Bovary* que atesora Mario Vargas Llosa? ¿Qué con el libro firmado por Truman Capote que Elvira Lindo le regaló a su marido Antonio Muñoz Molina? ¿Conservarán los herederos de Ángeles Caso el libro que ésta custodia firmado por Juan Rulfo, y los de Antonio Colinas su libro dedicado a él por Ezra Pound?

¿Qué ocurrirá con el ejemplar de la primera edición de *Marinero en tierra* de Rafael Alberti, que Luis García Montero, poeta, catedrático y director del Instituto Cervantes, conserva como un tesoro pues lleva pegada en la guarda el voto de Antonio Machado, que formó parte del jurado que premió a ese libro con el Premio Nacional en 1925? Luego

Alberti se lo regaló con un dibujo original suyo a María Teresa León, quien lo convirtió en un álbum familiar y escribió glosas en él, guardó fotografías en su interior… y ese fue el único libro que se llevó al exilio.

A lo mejor nuestros nietos acaban comprando algunos de estos libros en librerías de viejo o almonedas, porque lo que parece claro es que el destino de nuestros libros es, por decirlo con suavidad, altamente incierto. Ojalá yerre en el pronóstico y nuestras bibliotecas puedan mantenerse generación tras generación. Al menos, la mía. Y que mis tataranietos o choznos la incrementen con la edición príncipe de Flaubert que habrán vendido los tataranietos o choznos de Mario Vargas Llosa. Que así sea.

2 - Poetas, buhoneros y demás ralea. 30 semblanzas

Arnold o el infortunio

El leonés Mario Arnold quiso hacer carrera literaria en compañía de Armando Buscarini y, como era previsible, todo le salió mal: no había podido elegir un compañero peor. Trató de seducir a la poeta Ana María Martínez Sagi, sin darse cuenta de que hasta Astrana Marín al reseñar su libro *Caminos* habló del "temperamento varonil" de la catalana. Intentó triunfar en el cine en compañía de Carranque de Ríos y ni siquiera logró que los mayores especialistas en actores secundarios y de reparto recuerden su nombre. Por fin parecía que la suerte iba a acompañarle: la noche en que el rey de los poetas bohemios, el gran Pedro Luis de Gálvez, iba a ser fusilado, Mario Arnold y Diego San José bajaron a la capilla de la cárcel de Porlier a despedirse de su amigo. Gálvez eligió a Arnold y, en un descuido de los funcionarios, le entregó su último soneto. Nuestro hombre iba a tener la fortuna y el privilegio de conservar los últimos versos de Gálvez, el más canalla, hampón y desvergonzado de nuestros escritores. Y escondió aquel soneto bajo la correa del reloj. Pero también eso le salió mal: contó Diego San José, y lo reprodujo Juan Manuel de Prada, que al ser sometidos al último cacheo antes de abandonar la capilla un guardián encontró aquel papel, "lo leyó a la luz de la linterna eléctrica que llevaba en la mano y lo hizo pedazos". Hace años compré uno de sus libros, *Lluvia de besos*, dedicado a González Ruano. En su interior encontré una enternecedora carta que envió a éste en 1954 pidiéndole que si escribía algo sobre él no recordara nada "de aquella bohemia simpática pero desapacible", y recordándole que ese libro, que iba por la sexta edición, era el de mayor éxito entre los suyos porque esos versos "gustan mucho a las mujeres". Ni gustaban a las mujeres ni a nadie, ni jamás se hicieron de aquel libro esas ediciones.

25-III-2010

Ayala Lorda

Entre 1914 y 1915 se publicó en Huesca la revista *Talión*. En esa aventura participaron entre otros Ángel Samblancat, Joaquín Maurín (que en una carta enviada a Sender muchos años más tarde calificaría al semanario de muy radical y "subido de tono") y Gil Bel. Y colaboró en ella también un entonces jovencísimo José Ayala Lorda, que habría de pagar caro su ímpetu juvenil y revolucionario. Gracias a José-Domingo Dueñas, que publicó un libro fundamental para conocer ese período de nuestra literatura, *Costismo y anarquismo en las letras aragonesas*, sabemos que Ayala, con tan solo diecisiete años, escribió en marzo de 1915 un feroz artículo en *Talión* contra Alfonso XIII, en el que, sin nombrarlo, le llamaba imbécil, pelele y mamarracho; decía de él que tenía las "orejas grandes como las de un burro", "los ojos de pulga pedorra" y el cuerpo delgado "como el de un blenorrágico"; que su ilustración era nula, porque no se preocupaba de estudiar sino de jugar al polo; que no le interesaba la guerra que en aquellas fechas asolaba al mundo y en la que morían "miles y miles de hombres", sino únicamente las cacerías donde morían "miles de perdices"; y que solo se dedicaba a engendrar hijos y más hijos. Era en verdad un retrato demoledor y obsceno del rey. Ayala fue juzgado por ese artículo y condenado a dos años, cuatro meses y un día de prisión y a una multa de 375 pesetas. Esta condena fue duramente criticada en la prensa revolucionaria de la época y hasta Joan Salvat-Papasseit llegó a escribir en defensa de Ayala en *Los Miserables*. Unos meses más tarde de leer el libro de Dueñas tropecé con un artículo de Ayala en *La Novela de Viaje Aragonesa*. Allí estaba su retrato y me conmovió pensar que aquel muchacho había pasado una parte de su vida en la cárcel solo por escribir un artículo, por desabrido e insultante que fuere. Y quise pensar que algo así ya nunca podría volver a repetirse.

21-II-2008

Ángeles rojos: Callén y Rodríguez

Al cura de Candasnos mosén Jesús Arnal le salvó la vida su amigo de la infancia Timoteo Callén, anarquista de la FAI, miembro del grupo de Durruti y Ascaso y presidente del Comité de la CNT en Candasnos. Cuando Arnal salió huyendo de Aguinaliu, muy cerca de Graus, donde ejercía de sacerdote, y se refugió en Candasnos, Timoteo Callén lo tomó bajo su protección y luego se lo llevó a Bujaraloz, donde estaba la Columna de Durruti, para que éste se hiciera cargo de él. Durruti lo convirtió en su escribiente o secretario y así ha pasado Jesús Arnal a la historia: como el secretario del líder anarquista, tal y como lo contó en un libro inolvidable publicado en Tárrega en 1972: *Por qué fui secretario de Durruti*. Gracias a Callén, Jesús Arnal pudo salvar la vida en la guerra, reincorporarse al sacerdocio y ejercer de párroco en Ballobar hasta su muerte en 1971. Cuando el anarquista Melchor Rodríguez, "El ángel rojo", fue nombrado Delegado de Prisiones de la República en noviembre de 1936 se acabaron las sacas y los linchamientos en las cárceles. Dictó una norma por la cual los reclusos no podían salir de la cárcel, sin su autorización personal, entre las 7 de la tarde y las 7 de la mañana, con lo que evitó todos los "paseos" nocturnos. Salvó la vida a muchísima gente de derechas y cuando lo juzgaron, al acabar la guerra, el general Muñoz Grandes, Serrano Suñer, Fernández Cuesta, Sánchez Mazas y otros jerarcas del franquismo dieron la cara por él. Cumplió aun así cinco años de cárcel y siguió siendo anarquista toda su vida, sufriendo presidio varias veces más. Murió en 1972 y en su entierro, al que acudieron muchos derechistas a los que había salvado, se cantó *A las barricadas* sin que nadie levantara la voz ni se molestara por ello. Fueron ángeles en medio de una España endemoniada.

22-XII-2011

Los bajos fondos de Quirós y Llanas

Uno no es desde luego un experto en el lumpen y la pordiosería. Pero uno de los libros más extraordinarios que ha leído nunca fue escrito para dar a conocer desde los postulados de la antropología y sociología criminal heredera de Lombroso ese submundo misérrimo, sórdido y degradado en el que se movían las entonces llamadas "gentes de mal vivir" en el Madrid de principios del siglo XX. El libro se titula *La mala vida en Madrid* y lo publicaron en 1901 C. Bernaldo de Quirós y el aragonés José María Llanas Aguilaniedo, siguiendo el modelo de *La mala vita a Roma* de Alfredo Nicéforo y Escipión Sighele que el propio Llanas había traducido al castellano para el editor Rodríguez Serra. Me costó mucho dar con él. Las novelas de Llanas no son fáciles de encontrar, pero es todavía mucho más raro su estudio sobre los bajos fondos madrileños, para el que Quirós y Llanas recorrieron y visitaron cárceles, lupanares, manicomios y las más ínfimas pensiones y casas de dormir, como la famosa "Piltra del tío Largo" o "Posada de la soga", en la que los parroquianos dormían de pie con la cabeza apoyada en una robusta cuerda. El tío Largo despertaba a sus huéspedes descolgando un cabo de la soga y dando en tierra con los durmientes. Por fin un día el libro deseado apareció. Lo leí de una sentada, sin apenas pestañear, alucinado y esturdido. Sus estudios sobre mendigos, sirvientes y guapos de mancebía, descuideros, timadores, homicidas, dronistas, topistas, ratoneros, alcantarilleros o cuatreros son inolvidables. Como lo son las fotografías de cada una de esas tipologías con las que se ilustra el libro. El apartado dedicado a la prostitución y a la descripción de algunos tipos de invertidos o "uranistas" es también conmovedor: nunca olvidaré el caso de Paco "la Salada", un cocinero de 37 años que debía usar tapón de "tan relajado que se halla el esfínter".

8-XI-2007

José Cabrero

José Cabrero Arnal nació en el Alto Aragón, en Castilsabás, en 1909. Vivió su juventud en Barcelona y allí dibujó ya historietas para revistas como *Pocholo*, *Mickey* o el *TBO* y firmó portadas en *L'Esquella de la Torratxa*, destacando ya como un gran dibujante, caricaturista e historietista. Su padre fue fusilado por los franquistas en Huesca en 1939 y Cabrero se exilió en Francia tras la guerra. Apresado por los alemanes, fue recluido en Mauthausen en 1941, donde se dedicó a hacer dibujos pornográficos para los oficiales alemanes. Aquello al parecer le salvó la vida. Liberado en 1945, llegó a París y los comunistas le dieron trabajo. Comenzó a dibujar para *L'Humanité* (él, que siempre había sido un libertario y bohemio intransigente) y en marzo de 1948 apareció su más célebre personaje, "PIF", el perro más popular en la historia del cómic en Francia, la mascota de una familia de obreros. Tanta fue su popularidad que cuando Cabrero pasó a colaborar en el semanario *Vaillant*, que también pertenecía al partido comunista, la cabecera de aquella revista incorporó un subtítulo en su honor: "Le journal de Pif le chien". La huella que sus historietas dejaron en los niños de la época fue imborrable, y Michel Houellebecq recuerda en uno de sus grandes libros, *Las partículas elementales* (1998), la emoción con que esperaba cada semana la aparición de la revista. Murió en 1982 sin haber regresado a España, olvidado por casi todos. En 2011 el historiador francés Philippe Guillen, nieto de un republicano aragonés exiliado en Francia, le dedicó un hermoso libro reivindicativo editado por las *Nouvelles Éditions Loubatières* que compré en un viaje a Burdeos. Otro aragonés al que pocos recuerdan en su tierra. Otro aragonés a recuperar.

26-IX-2013

Juan Chabás

Juan Chabás tuvo la suerte de estar el día preciso en el lugar oportuno. Y se colocó entre Lorca y Bacarisse la noche del homenaje a Góngora en el Ateneo de Sevilla (que en realidad no se celebró en el Ateneo sino en la Real Sociedad Económica de Amigos del País), junto a Rafael Alberti, Jorge Guillén, José Bergamín, Dámaso Alonso y Gerardo Diego, mientras el pobre Cernuda se quedaba entre el público sin subir al estrado. Los había invitado Ignacio Sánchez Mejías y los fotografió Pepín Bello. Esa famosísima foto le aseguró a Chabás la inmortalidad. Por lo demás fue un escritor discreto, autor de unas novelas más bien tirando a aburridas. Pero acertó al cobijarse bajo ese manto protector de la generación del 27 y siempre que se hable de ella se hablará de él. También anduvo en el ultraísmo (escribió en 1921 un libro de versos, *Espejos*) y Juan Manuel Bonet certificó su pase a la posteridad al incorporarlo a su catálogo de vanguardistas. Así que la suerte literaria, pese a que llevaba fama de gafe, nunca le fue esquiva. Tuvo alguna relación con Zaragoza: aquí estrenó en 1934 su obra de teatro *Krik* y un zaragozano exiliado, José Luis Galbe, acabaría escribiendo su epitafio en Cuba, donde murió en 1954. Se dice que fue un conquistador y antes de casarse con la corresponsal de *L'Humanité*, Simone Téry, quien escribiría años más tarde sobre Chabás un libro titulado *Aquí el alba comienza*, fue durante seis años el compañero de la actriz Carmen Ruiz Moragas, una de las mujeres más atractivas de la época. Tanto que había sido la amante favorita del rey Alfonso XIII, con quien tuvo dos hijos en 1926 y 1929. Uno de éstos, Leandro-Alfonso Ruiz Moragas —que contaría algunos de estos avatares en un libro de memorias que tituló *El bastardo real. Memorias del hijo no reconocido de Alfonso XIII*—, todavía fue invitado por la Casa Real el día de la celebración de las bodas de oro de los Condes de Barcelona en 1985. Al fin y al cabo, el casi hijastro de Chabás, era hermanastro de don Juan.

4-XII-2008

Ciria y Escalante

Lo más deslumbrante que puede decirse de José de Ciria y Escalante es que vivía en el Hotel Palace de Madrid. Había nacido en Santander en 1903 y en la capital cántabra fue amigo del aragonés Ángel Espinosa, que colaboraba como él en el diario *La Atalaya*, de Pancho Cossío, Eugenio Vegas Latapié, Gerardo Diego y José del Río Sainz. Al terminar el bachillerato se trasladó con sus padres a Madrid, se instaló en el Palace, se matriculó en Derecho y Letras y se hizo poeta ultraísta, como el legendario Rafael Lasso de la Vega, José Rivas Panedas, que escribía anuncios de cervezas y gambas para los bares y cafés que frecuentaba, o Fernando de la Quadra Salcedo, que se reclamaba heredero de las coronas de Andorra y Navarra y habría de morir asesinado en 1936. Frecuentaba la tertulia de Pombo y fue secretario de la Sección de Literatura del Ateneo de Madrid. Con la ayuda de Guillermo de Torre editó la revista *Reflector*, de la que salió un único número con colaboraciones de Juan Ramón Jiménez, Paul Éluard, Borges, Gómez de la Serna y Adriano del Valle, entre otros. Ciria, sin haber publicado más que un puñado de poemas en unas pocas revistas, murió de tifus a los veinte años el 4 de junio de 1924 y esa noche pasaron por su habitación del Palace muchos de sus amigos: García Lorca, Fernández Almagro, Pedro Sainz Rodríguez... Algunos de éstos editaron sus versos el mismo año de su muerte en un pequeño volumen del que solo se tiraron doscientos ejemplares numerados y en el que mandaron imprimir todos los nombres de quienes lo costeaban: desde Azaña, Juan Negrín, Luis Buñuel o Azorín hasta Jorge Guillén, Bergamín, Pedro Salinas o José Moreno Villa. Este librito, en el que se colaron por error unos versos de Juan Ramón, es uno de los más raros de la poesía de vanguardia y el único que contenía la obra de Ciria hasta la edición de Rodríguez Alcalde de 1950.

27-III-2008

Diego San José

Era pequeñito, pero valiente y bravucón. Llevaba la capa española como nadie, y presumía, como un viejo hidalgo, de saber embozarse en ella de quince maneras diferentes. Una noche de invierno alguien le robó la capa a don Diego de San José. Tuvieron que dejarle una bufanda para protegerse del frío y los amigos le prometieron que le comprarían una por suscripción popular. Pero ya se sabe qué pasa con estas promesas entre bohemios: al final decidieron gastarle una broma y solo le llevaron una capichuela de alguacilillo de plaza de toros entre la rechifla general. Era habitual de El Gato Negro, aquel café madrileño que se comunicaba con el vestíbulo del Teatro de la Comedia, donde tuvo su tertulia Jacinto Benavente. Y era fijo de aquella otra que Pérez Galdós organizó en su casa de la calle Hilarión Eslava y que se celebraba en el propio dormitorio del escritor. Tenía éste, nos contó San José, una cama blanca de hierro, un crucifijo de marfil que había sido de su madre, una mesa repleta de libros y papeles, dos cajas de cartón de guardar zapatos, en las que se leía "Ingresos" y "Gastos", y un sencillo lavabo de madera. Galdós los recibía, como luego haría Baroja, con una manta que le abrigaba las piernas, y por allí acudían, además de San José, Emiliano Ramírez Ángel, Pedro de Répide, Victorio Macho, Andrés González Blanco... Después de la guerra lo metieron en la cárcel por republicano y allí le cupo el dudoso honor de despedir a Pedro Luis de Gálvez la noche en que fue fusilado. Escribió muchos libros y estrenó obras de teatro hoy perfectamente olvidados, pero su mejor legado es un libro de semblanzas que publicó en 1952, *Gente de ayer*, en el que nos habla de Valle Inclán, Villaespesa, Linares Rivas, Zahonero... y de tres aragoneses: Joaquín Dicenta, Eusebio Blasco y Gregorio Pueyo.

7-II-2013

Dolores Cabrera

Apenas hay estudios sobre las poetas aragonesas del siglo XIX. A la oscense Susana Lacasa, olvidada entre las olvidadas, al menos le dedicó un artículo Juan Carlos Ara. Algo más de fortuna han tenido María Teresa Verdejo y María Pilar Sinués. En cambio, nadie le ha hecho el menor caso a Rita Rodés y Garcés, que publicó en Zaragoza en 1868 una colección de poemas bajo el título de *Alboradas*. El colmo de la mala suerte lo tiene Dolores Cabrera Heredia, sobre la que nadie se pone de acuerdo. Nació en Tamarite de Litera, pero cuándo lo hiciera es otro cantar. José Luis Calvo Carilla, en su libro *Escritores aragoneses de los siglos XIX y XX* afirma que lo hizo en 1820, María Soledad Catalán y Agustín Faro en su *Introducción a la historia de la literatura en Aragón* fijan la fecha de su nacimiento en 1826 y desconocen la fecha de su muerte, aunque imaginan que se produciría en Madrid, y finalmente Valeriano Labara, en su monografía sobre los *Personajes de la Litera. Tamarite*, asegura que nació el 15 de septiembre de 1828 y que murió en Zaragoza el 1 de diciembre de 1899. Calvo hace hincapié en que fue su matrimonio con un militar el que la impulsó a recuperar "las vivencias, las amistades y los parajes dejados atrás en cada forzoso traslado", mientras que Labara lo que destaca es que "vivió siguiendo los destinos militares de su padre, el brigadier Lorenzo Cabrera Purroy". Pocos estudiosos, como se ve, y entrañablemente mal avenidos. Lo mejor es que, según Labara, los reyes de España Isabel II y Francisco de Asís fueron los padrinos de su boda. Ahí es nada. Su único libro de poemas, que encontré por fin hace unos días, lo tituló *Las violetas* y se publicó en Madrid en 1850. En lo que casi todos coinciden es que en su poema "Las golondrinas" podría estar el origen y la fuente de inspiración de la famosa rima LIII de Gustavo Adolfo Bécquer.

7-IV-2011

Don Jorgito el inglés

Marcelino Menéndez Pelayo lo llamó "personaje estrafalario y de pocas letras" y en Madrid lo apodaban "don Jorgito el inglés", con ese diminutivo lleno de sorna para un hombre que medía 1,90. En realidad se llamaba George Borrow y lo había mandado la Sociedad Bíblica Británica y Extranjera a vender biblias protestantes en España. Esta *British and Foreign Bible Society*, con sede en Londres, traducía biblias a muchos idiomas y mandaba a sus agentes a repartirlas por diferentes países. Borrow fue el más conocido entre los que esa Sociedad envió a España para tratar de difundir el credo de la Iglesia reformada del protestantismo inglés. Estuvo aquí entre 1836 y 1840, frecuentó el trato de los más humildes, incluidos pícaros, rufianes y gitanos (utilizaba a mujeres de esta raza para vender sus biblias por los barrios pobres de Madrid), y fue un consumado políglota, llegando a aprender bastante bien el euskera y el caló, hasta el punto de que dio a la imprenta una traducción de la Biblia al idioma gitano. En 1837 Borrow ordenó imprimir en Madrid una de esas biblias protestantes (en realidad solo el Nuevo Testamento) en una imprenta propiedad de Andrés Borrego, de la que tiró cinco mil ejemplares que el celo de la Iglesia católica y de las autoridades españolas del momento se cuidó muy bien de ir destruyendo de forma inmisericorde. Tom Burns Marañón confesó haber visto uno de esos ejemplares en la biblioteca del obispo protestante Carlos López Lozano. Su libro clásico, por el que siempre será recordado, es *La Biblia en España*, un excelente libro de viajes en el que contó su estancia entre nosotros y que publicó en 1843. En 1921 lo tradujo y prologó Manuel Azaña, quien llamó la atención sobre el interés novelesco del libro. Me gusta que Borrow hable en él de la "generosidad" y "obstinación" de los aragoneses, en especial de Alejandro Oliván, secretario entonces del duque de Rivas y futuro ministro de Marina.

15-IX-2011

El amor de Bastos Ansart

El aragonés Manuel Bastos Ansart quedará para la historia como el médico que trató en el lecho de muerte a Buenaventura Durruti —hace ahora 70 años— y que escuchó sus tres últimas palabras, "ya se alejan", en referencia a la retidada de los aviones enemigos que bombardeaban Madrid. Cuando el líder anarquista agonizaba en una cama del Hotel Ritz ninguno de los médicos que allí le atendían se atrevía a tomar la decisión de si era o no preciso practicar una intervención quirúrgica. Decidieron llamar a Bastos, al que todos reconocían un magisterio indiscutible, quien después de examinar la herida aseguró que ésta era mortal de necesidad y que nada podía hacerse por salvar la vida del leonés. Todos respiraron aliviados, pues ninguno quería para sí la responsabilidad de que Durruti se les muriera en una operación. Pocos recuerdan en cambio su faceta de escritor. Bastos, que vivió en cierto modo eclipsado por la personalidad de su hermano Francisco, conocido político y escritor, fue autor de unas interesantes memorias, *De las guerras coloniales a la guerra civil. Memorias de un cirujano* (1969) y, sobre todo, de un rarísimo libro de amor dedicado a su esposa titulado *Una vida de mujer* (1965). Manuel Bastos se casó con su sobrina, de modo que, como a él le gustaba decir, su hermano era además su suegro. Estuvo enamorado toda su vida de ella de una forma extraordinaria ("sus miradas, sus sonrisas, sus mimos, sus ternezas eran siempre inéditas, y siempre deliciosas", escribió) y a su muerte le dedicó un libro conmovedor. Era éste tan apasionado (Bastos se pregunta en las páginas finales para qué vive y llega a decir que la muerte le haría un gran bien "abriéndome las puertas que hoy golpeo con los puños desesperadamente") que les dio miedo a los censores y solo autorizaron su difusión privada —de ahí su rareza—, prohibiendo que pudiera distribuirse en librerías. Debían de pensar sin duda que el amor puede ser revolucionario.

30-XI-2006

Don Pedro Mourlane

Cuando José Antonio Primo de Rivera escribe la víspera de su muerte sus últimas cartas en la cárcel de Alicante, una de ellas es para su amigo Rafael Sánchez Mazas. En ella el fundador de la Falange le pide perdón por lo insufrible de su carácter, le confiesa su temor a ser acribillado por las balas del pelotón de fusilamiento y le manda un abrazo especial para los amigos de la tertulia de La Ballena Alegre, empezando, le dice, "por el tan querido canciller don Pedro Mourlane". El respeto de Primo de Rivera por Mourlane Michelena había sido siempre grande. Tanto, que fue uno de los elegidos para escribir la letra del *Cara al sol*, tarea en la que también participaron Agustín de Foxá, Dionisio Ridruejo y Rafael Sánchez Mazas, entre otros. Además, lo llamó siempre de usted, él que había sido el introductor del tuteo entre los falangistas. Ridruejo le dedicó un texto memorable en *Sombras y bultos* e hizo hincapié, como luego harían muchos otros, en su estilo enfático: "En tanto que personaje —escribió— Mourlane era sin duda el más extremado y en tanto que estilista el más lujoso y rítmico, el de énfasis más insistido y suficiente". Yo creo más bien que debió de ser como un rapsoda de otros tiempos, una suerte de orador anacrónico, impostado y ampuloso. Uno hace tiempo buscó y leyó sus libros, todos ellos hoy olvidados: *El discurso de las armas y las letras* (1915), su pequeño *Ofrecimiento de la fiesta de homenaje... en honor del R.P. José Antonio de Donostia* (1916) y *Arte de repensar los lugares comunes* publicado en 1956, un año después de su muerte, con prólogo de Eduardo Aunós (que, con casi total seguridad, no escribiría éste, pues es sabido que tenía negros para cada uno de los libros que firmaba. Para Aunós se inventó aquella famosa frase de que habría sido un gran sabio "si hubiese leído todos los libros que había escrito"). Les confieso que pocas veces me aburrí tanto como con los libros de Mourlane. Decía Andrés Trapiello que a don Pedro le acusaron siempre sus enemigos de fusilar sus plúmbeos artículos de diccionarios y enciclopedias. Pues ni para copiar tuvo gracia.

14-XII-2006

Julio Angulo en el cabaret

Al escritor Julio Angulo le gustaban mucho los entierros. Pero no quiso que nadie asistiese al suyo y en su esquela pudo leerse: "Por expreso deseo del finado no se comunicó la hora del sepelio". Fue un hombre raro y escribió libros raros. Había estudiado Medicina, carrera que nunca ejerció, y durante una temporada se ganó la vida como profesor de gimnasia en un instituto de Madrid donde tuvo como alumno a Víctor de la Serna, quien años después lo acogería en *Informaciones*. Sentía debilidad por las librerías de viejo y las casetas de la Cuesta de Moyano. También le gustaba beber el aguardiente que en las madrugadas de Cuatro Caminos unas pobres mujeres vendían junto a las hogueras con las que se calentaban los obreros que trabajaban en la calle. Allí se iba en compañía de Antonio y Enrique Paso y a aquello lo llamaban "el cabaret de las llamas". Fue todo un personaje formado en la escuela de Pombo, el epígono bohemio de Ramón Gómez de la Serna. Su libro más atractivo hoy es *Lluvia de cohetes*, publicado en Ávila en 1933, una novela disparatada, con tintes poéticos y plena de humor absurdo, que termina con el protagonista eligiendo profesión para el futuro: "limpiabotas, luego espía de la nación que mejor pague; por último, dictador de España. Tres cargos de responsabilidad para un aventurero". Cuando Benjamín Jarnés anduvo enamoriscado de Germaine, una francesita "abundosa en carnes" como recordaba Ildefonso Manuel Gil, el de Codo tuvo que recurrir a escribir con seudónimo novelas sicalípticas o galantes que le permitieran mantener aquella relación sin levantar las sospechas de doña Gregoria Bergua, su santa y paciente esposa. Para asegurarse el anonimato buscó a alguien que le colocara aquellas novelas en las editoriales especializadas. ¿Imaginan quién fue el elegido? Nuestro bohemio Angulo.

23-XI-2006

El calvario de Vicente Lacambra

Los errores judiciales han sido frecuentes a lo largo de la historia. Uno de los más sonados tuvo como protagonista a un aragonés: Vicente Lacambra, que contó su infortunio en un libro apenas recordado: *Mi calvario. Diez años de un inocente en presidio*, publicado en Valencia, en la segunda década del siglo pasado, con prólogo de Jacinto Benavente. Lacambra, tras ser reconocido en una rueda de presos en Barcelona, estuvo encarcelado de 1904 a 1913 por un crimen que no cometió. Juzgado en 1905, quince meses después de su detención, se le condenó a cadena perpetua. Tras diez años en la cárcel, en diciembre de 1913 fue indultado gracias a las gestiones que llevaron a cabo Benavente, Zamacois, Zulueta, Marquina, Azorín y Peréz Galdós, entre otros. Benavente llegó a escribir que estaba más contento por el indulto de Lacambra que por el éxito de *La malquerida*. Antes Lacambra lo había intentado todo para conseguir la libertad, incluida una emotiva carta enviada al presidente de la Audiencia en la que se declaraba una vez más inocente y le decía cosas como ésta: "Aragonés de nacimiento, circula por mis venas la sangre aquella que abona el corazón de ingenuidad, franqueza y aún algo más, y no cabría en mí ni el odio para engañar, ni la villana cobardía que me hiciera rehuir las consecuencias de mis actos". Lo más llamativo del caso, del que se hizo eco Andrés Saborit en su libro *Joaquín Costa y el socialismo*, es que en realidad el crimen lo había cometido su hermano Antonio, quien en agosto de 1905, una vez conocida la sentencia condenatoria dictada contra Vicente, envió desde Nimes, donde se hallaba preso, una carta a la Audiencia en la que se confesaba culpable y solicitaba la libertad para su hermano. Ésta no habría de llegar hasta ocho años más tarde. Antonio, para entonces, había muerto ya de remordimientos.

18-I-2007

Felicidad Blanc

Todos nos enamoramos un poco de Felicidad Blanc al ver *El desencanto*, de Jaime Chávarri, aquella desoladora película que narraba el desmoronamiento del mundo de los Panero. Felicidad, la viuda de Leopoldo Panero, era hermosa, elegante, distinguida y hablaba con una franqueza insólita y despiadada de las cosas más íntimas. Era imposible no sentir por ella una atracción arrebatadora. La experimentó, entre otros, el escritor cubano Calvert Casey, que unos días antes de suicidarse en Roma le había dejado en uno de sus libros una dedicatoria estremecedora: "Con una oscura intuición de lo que hubiera podido ser la dicha". Felicidad Blanc publicó sus memorias en 1977 con el título de *Espejo de sombras* y allí contó sus veranos en Barbastro, su amor por Leopoldo Panero y su boda en 1941, su relación con los amigos de su marido —Rosales, Vivanco o Sánchez Mazas—, su estancia en el Instituto de España en Londres, donde trató a Gregorio Prieto (que le hizo un extraordinario retrato), Luis Cernuda, T.S. Eliot y al diplomático zaragozano —y tío lejano mío— Julio López Oliván, hombre liberal y defensor de la causa de don Juan de Borbón, de quien tenía celos Leopoldo. Todo esto es, en cualquier caso, bastante conocido. Lo que se ha contado menos es que Isabel Palacín, la abuela de Felicidad Blanc, que procedía del Alto Aragón, fue el gran amor de Joaquín Costa, con quien tuvo una hija, María Costa, tía de Felicidad y tía-abuela por tanto del poeta Juan Luis Panero, a la que éste, según nos cuenta él mismo en su libro de memorias *Sin rumbo cierto*, llegó a conocer en su primer viaje a Barcelona. Isabel no se casó nunca con Costa pero su hija María le confesaría a George J. G. Cheyne que su madre amó al León de Graus "con locura" toda su vida. Ese amor, tormentoso y desgraciado, que Felicidad Blanc repetiría con Leopoldo Panero muchos años más tarde.

17-V-2007

Fernando García Mercadal

Si digo que Agustín de Foxá lo llamó "enano" en *Madrid de Corte a checa* es posible que no acierten con el nombre del personaje de quien quiero hablarles. Pero si digo que fue en 1930 uno de los fundadores del GATEPAC (Grupo de Artistas y Técnicos Españoles para el Progreso de la Arquitectura Contemporánea), que tuvo relación con la Bauhaus y fue el artífice de la primera visita de Le Corbusier a España en mayo de 1928, que firmó el zaragozano "Rincón de Goya" y que fue el introductor del racionalismo arquitectónico en España, cualquiera de mis lectores sabe de sobras que estamos hablando de uno de nuestros más grandes arquitectos: Fernando García Mercadal. Yo no voy a escribir, claro, de su labor como arquitecto. Lo que quisiera es recordar algunos de sus libros más desconocidos. Son éstos, excepción hecha de los que escribió sobre asuntos arquitectónicos (*La casa popular en España*, desde luego, pero también sus monografías sobre parques y jardines, la vivienda en Europa o sus estudios sobre la arquitectura mediterránea), unos pequeños folletos que editaba en Navidad y con los que felicitaba las fiestas a sus amigos. Hacía ediciones de 100 ejemplares numerados fuera de comercio, los editaba bajo el sello Editorial Vida Privada, que naturalmente él costeaba, y los firmaba solo con sus iniciales: F.G.M. Habló ya de ellos su sobrino y ahijado Fernando García-Mercadal y García-Loygorri y los calificó muy acertadamente de "simpática confusión de episodios de inspiración ramoniana". Se titulan *Galimatías* y son, escribió su sobrino, un testimonio entrañable de la nostalgia con que disfrazaba sus amores imposibles y sus dolores secretos. Dada la extrema dificultad para encontrarlos, solo he podido hacerme con tres de ellos. El primero que publicó y el más interesante de los que he visto es *Vía Estrecha (De mis memorias)*, de 1947, un compendio de textos memorialísticos llenos de gracia, agudeza y un punto desvergonzados.

6-X-2011

Gálvez, el hampón

El poeta Pedro Luis de Gálvez, a quien popularizó Juan Manuel de Prada cuando lo convirtió en protagonista de su novela *Las máscaras del héroe*, encabezó siempre la facción más servil, canalla y pordiosera de la bohemia española. De él se cuenta aquella famosa anécdota de que recorrió los cafés de Madrid con su hijo muerto dentro de una caja de zapatos dando sablazos y pidiendo dinero para poder enterrarlo. En su libro más raro y famoso, *El sable. Arte y modos de sablear*, Gálvez, que atribuyó a Emilio Carrére la invención y difusión de esa anécdota, se defendió diciendo que solo pedía dinero para que su madre pudiera acompañarle en coche al entierro. Tuvo el cinismo de hacer públicas en ese libro lo que él llamó "preciosas indicaciones" sobre quiénes se dejaban sablear y quiénes no: Francisco Bergamín era "generoso hasta la prodigalidad", igual que Nicanor Villalta o Cansinos Asséns; Eduardo Barriobero, a pesar de tener colocado en su despacho un cartel que decía: "no se dan recomendaciones, no se da dinero", daba las dos cosas; a Felipe Sassone había que pedirle "por la mañana, con la fresca"; de Ortiz de Pinedo dice que no le había dado nada en los últimos 18 meses, y de Rafael López de Haro escribe con su gracia habitual: "Es notario y escritor. / Con ademán de señor, / nos ofrece la cartera. / Y, amable, dice: Quisiera / poder tratarle mejor". Durante la guerra fue responsable de una checa y cometió al parecer todo tipo de desmanes, aunque se dice que salvó de la muerte a Ricardo Zamora porque muchas veces le había dado dinero para comer. Iba vestido de mejicano, con el mono azul de los milicianos, un gran sombrero y un cinturón con pistolas y puñales. Gómez de la Serna cuenta que al verlo vestido de tal guisa tomó la decisión de exiliarse. Estaba cantado que iba a tener un final trágico: lo fusilaron después de la guerra.

20-IX-2007

Fernando Ortiz

El pasado mes de enero moría en Sevilla a los 66 años el poeta Fernando Ortiz. Le fui siempre fiel, desde que lo leí por primera vez en 1978. Era de esos poetas a los que uno nunca se cansa de volver. Andrés Trapiello apostó por él y le publicó dos libros excelentes en la Biblioteca de Autores Españoles, de la editorial Trieste: *Vieja amiga* en 1984 y *Marzo* en 1986. En 1999 publicó *Posdata*, y cuando dos años más tarde Pre-Textos le editaba unos *Apuntes Autobiográficos y otros papeles*, Ortiz confesaba que había perdido ilusión por la poesía porque "la vida nos va despojando poco a poco de todo, principalmente de las ilusiones". Admiró a Bécquer, a los Machado, a Lorca y a Villalón, y de éste escribió que algunos poemas neopopularistas del 27 eran solo "cromitos cursis" al lado de los suyos. Fundó con Abelardo Linares la revista *Calle del Aire* y también la colección de libros de poesía del mismo nombre, aunque luego Linares acabara registrándolas a su nombre como contó Ortiz en una de sus estampas autobiográficas, en la que reconocía que Abelardo y él se hicieron por entonces muchas "trastadas". Su autorretrato lo publicó en 1984 y en él confesó: "No quise ser torero, militar ni abogado. / Y como nada quise, en nada me he quedado". Escribió también tres versos gloriosos, que he citado mucho y que pasarán a la historia menuda de la literatura española: "Que nadie se llame a engaño / lo mejor del siglo XX / ha sido el cuarto de baño". Nunca hablé con él en mi vida. Nunca nos escribimos, siquiera. Pero la vida está llena de sorpresas. En una de las visitas de Borges a Madrid, Fernando Ortiz compró una edición de *Historia de la eternidad* y se la llevó para que se la firmara. Ese ejemplar con la firma autógrafa de Borges se lo regaló Ortiz a un gran amigo suyo, que lo es mío a su vez. A los pocos días de la muerte de Ortiz, mi amigo cogió ese libro y me dijo: "Este ejemplar estará mejor en tus manos". Y me lo regaló. Algo de Ortiz vivirá desde ahora siempre conmigo.

20-II-2014

Consuelo Suncín

El escritor Enrique Gómez Carrillo y Raquel Meller se casaron en Biarritz en 1919 y aquel matrimonio solo duró hasta 1922. En ese tiempo a Gómez Carrillo —que en realidad se llamaba Gómez Tible y era hijo de un comerciante de ultramarinos, por lo que Baroja lo llamaba "Gomeztible"— le dio tiempo a escribirle a su amada cupletista, en el viaje que hicieron de Londres a Buenos Aires, un librito, *Confidencias*, que firmó ella con su nombre sin pudor alguno. Lo fechó en julio de 1920 "a bordo del Reina Victoria" y es una pieza rara que tardé muchos años en encontrar. En 1926 nuestro "Gomeztible", que era como todos saben un hombre de mundo y se pavoneaba de haber tenido en sus brazos a la mismísima Mata-Hari, contrajo nuevo matrimonio con la salvadoreña Consuelo Suncín, hija de terratenientes, caprichosa, excéntrica y voluptuosa, que, para no desentonar, sería amante, entre otros, de Rodolfo Valentino y José Vasconcelos. Aquella unión duró solo once meses, pues Gómez Carrillo murió en 1927 dejándole a su viuda no poco dinero y una finca en la Costa Azul. La Suncín quería volar alto y quizá por ello se enamoró de Antoine de Saint-Exupéry, con quien se casaría en 1931. Durante 13 años, hasta la muerte del escritor y aviador en 1944, aquel matrimonio sufrió todos los vaivenes imaginables, que Consuelo relató en un libro de memorias —*Memorias de una rosa*— que no se publicaría hasta muchos años después de su muerte. A la herencia de Gómez Carrillo sumó Consuelo los derechos de *El Principito*, por lo que amasó una gran fortuna. Murió en 1979 y acabó heredándola quien había sido su chófer, mayordomo y jardinero, el español José Martínez Fructuoso, con quien al parecer también tuvo su correspondiente affaire. Si les hubieran dicho a "Gomeztible" y Saint Exupéry dónde iba a acabar su patrimonio, no se lo habrían creído.

9-VI-2011

Jacinto Miquelarena

El periodista y escritor Jacinto Miquelarena es el suicida más famoso en la historia de la Falange. Había nacido en Bilbao en 1891 y fue uno de los primeros periodistas deportivos que alcanzaron fama y notoriedad. En 1924 fundó y dirigió el primer diario deportivo que se editó en España, *Excelsior*, y en 1934 publicó un libro admirable, *Stadium. Notas de sport*, en el que recogió algunos textos breves sobre diferentes deportes. A la vez iba construyendo una obra literaria muy en la línea de Julio Camba, caracterizada por un fino humor y una ironía muy anglosajona, que inició con *El gusto por Holanda*, un libro de viajes de 1929. Luego se hizo falangista y amigo de don Pedro Mourlane Michelena, quien protagonizaría con él la anécdota que lo hizo más popular. Un día que Mourlane estaba despidiéndolo en la estación, un coronel, desde la ventanilla del tren, ordenó a uno de sus soldados que fuera a la cantina a buscar una guindilla picante. Cuando el soldado iba hacia allí a toda velocidad, se oyó la voz atronadora del coronel gritándole: "¡Y que pique mucho, porque si no te la voy a meter por el c…!" Mourlane, entonces, miró a su amigo y pronunció la frase que luego se haría famosa: "¡Qué país, Miquelarena!", utilizada durante años para simbolizar la España más casposa y desabrida, la España de charanga y pandereta.

Durante la guerra publicó dos libros que no habrían de añadirle un ápice de gloria: *Cómo fui ejecutado en Madrid*, en el que ataca sin piedad a Corpus Barga, Azaña o Bergamín (de quien, cuando nació, sus padres no sabían "si aquello era niño, niña o salmonete"), y *El otro mundo*, en el que narrará su experiencia como refugiado en la embajada de Argentina los primeros meses de la guerra. Una vez concluida ésta fue corresponsal de prensa en Berlín, Buenos Aires, Londres y París. En esta última ciudad se arrojó al metro la mañana del

10 de agosto de 1962, poco después de haber recibido una carta de Luis Calvo, director del diario *ABC*, del que Miquelarena era entonces corresponsal, cuyo contenido, insultante al parecer, podría haber empujado al escritor a tomar la decisión de acabar con su vida. Su yerno, José María Zaldívar, "El Vigía de la Torre Nueva", popular personaje zaragozano a quien muchos recordamos por sus alocuciones en Radio Zaragoza, culpó directamente a Calvo de la muerte de su suegro y sería por ello desterrado y multado como culpable de un delito de injurias. Quizá fuera casual, pero al poco tiempo Luis Calvo sería destituido como director de *ABC* y enviado de corresponsal a Roma.

10-V-2007

Jorge Folch

Uno de los grandes poetas malogrados de la historia de la literatura española es Jorge Folch, que murió en 1948 a los veintidós años, ahogado al bañarse en el aljibe del patio de la masía de Pedralbes donde tenía alquilado su estudio. Solo le dio tiempo a publicar un único libro, *Creso Livio*, uno de los más delicados libros de versos que se publicaron en aquella durísima posguerra. Sus primeros versos son de esos que se memorizan para siempre: "Vedme: tengo ajustadas las mandíbulas, / y recta la nariz entre los ojos / de acero azul. Me llamo Creso Livio; / mi padre fue pretor de Tarragona / y era romana la robusta virgen / que le dio el mediodía de su vientre / y a mí la sangre blanca de sus pechos". Fue el amigo inseparable de Carlos Barral y de Alberto Oliart. Le gustaba recorrer las alcantarillas de Barcelona, visitar los cementerios, hablar con los enterradores y recoger huesos de los osarios. Estudió Derecho sin ninguna vocación y se le podía encontrar haciendo tertulia en el bar de la Facultad con Oliart y Barral y también con Jaime Ferrán, José María Castellet o Jaime Gil de Biedma. Pasaba los veranos en Panticosa. Su padre, Joaquín Folch Girona, fue uno de los hombres más ricos de Barcelona. Se había arruinado tres veces y otras tantas había vuelto a enriquecerse. Era ingeniero industrial y había traspasado a su hijo una especie de fiebre por el higienismo: nunca se abrigaban en invierno, ambos se desinfectaban a todas horas las manos con alcohol y se bañaban en agua caliente primero y helada después. Su madre Rita Rusiñol era sobrina de Santiago Rusiñol, y de ella heredó Jorge su gran elegancia y la pasión por el arte y la literatura. Quiso ser un excéntrico (se presentó en la petición de mano de su hermano vestido de chaqué, con guantes, chistera, botines y un bastón de caña) y vivió su corta vida con una pasión sin límites.

19-IV-2007

La doble condena de Barriobero

El riojano Eduardo Barriobero estudió Derecho en Zaragoza. Como José Calvo Sotelo. Y también como él habría de morir trágicamente. Destacó como abogado criminalista y fue un prolífico escritor que editó a los clásicos y publicó gran número de novelas y algunos libros de ensayo. Participó siempre en política, en el republicanismo de izquierda, y fue diputado a Cortes en diferentes legislaturas. Con todo, su gran experiencia, que habría de costarle la vida, fue su nombramiento como presidente de uno de los tribunales revolucionarios que funcionaron en Barcelona durante la guerra civil. Lo contó en 1937 en un libro memorable: *Un Tribunal Revolucionario. Cuenta rendida por el que fue su Presidente.* En él un Barriobero esperpéntico y atrabiliario llega al extremo de justificar que un hombre fuera esos días ejecutado por el simple hecho de que en uno de los cafés más concurridos de Barcelona llamara "atracadores" al propio Barriobero y a algunos ministros. Ese estrafalario tribunal solo actuó durante ochenta días, hasta que fue disuelto por la Generalidad de Cataluña. Durante ese tiempo, a veces ayudado por el aragonés Ángel Samblancat, dictó nada más y nada menos que seis mil sentencias —imaginen por un momento con qué rigor—, propias de una justicia "gratuita, patriarcal, sin trámites, fórmulas ni rutinas". En el mismo 1937 fue detenido por el Gobierno de la República acusado de cometer irregularidades durante su etapa de actuación en el Tribunal y pasó el resto de la guerra encarcelado. En prisión se lo encontraron los nacionales cuando entraron en Barcelona y lo ejecutaron en 1939. En realidad, había sido ya condenado a muerte por los suyos cuando decidieron no liberarlo y entregarlo a las tropas de Franco. Triste destino el de Barriobero. Ni los unos ni los otros lo quisieron.

9-XI-2006

Los amigos de Félix Ros

Siempre que pensamos en poetas falangistas nos vienen a la cabeza los nombres de Ridruejo, Rosales, Vivanco, Panero o Foxá. Y también sin duda los de Rafael Sánchez Mazas y Adriano del Valle. Pero pocas veces nos acordamos ya del barcelonés Félix Ros, autor de algunos raros libros de versos, como aquel *Verde voz*, de 1934, o los *9 poemas de Valéry y 12 sonetos de la muerte* que abrió en 1939 la mítica colección Azor de la editorial Apolo, poco más o menos por la misma época en que Ros asaltaba el piso de Juan Ramón Jiménez en la madrileña calle de Padilla, llevándose buena parte de su biblioteca que meses más tarde habría de devolver, aunque no en su totalidad, tras airada intervención de José María Pemán. En esto Ros no hacía sino seguir los pasos del propio Adriano del Valle, que se incautó de la biblioteca de *Cruz y Raya* nada más terminar la guerra. Su libro más interesante sin embargo no es de poesía. Es el relato de su estancia en la checa de Vallmajor de Barcelona, que publicó en 1939 bajo el título de *Preventorio D (ocho meses en el S.I.M.)*. La narración de las penalidades, tormentos e interrogatorios sufridos en la checa y el retrato de guardianes, torturadores y reclusos se leen con gran interés. De Vallmajor, Ros sería conducido a Santa María del Collell y allí fue testigo del fallido fusilamiento de Rafael Sánchez Mazas y del aragonés Jesús Pascual Aguilar. Pero lo más atractivo del libro es el testimonio del poeta y editor José Janés acerca de las gestiones que hubo de realizar entre distintos escritores para tratar de salvar la vida de su amigo Félix Ros. Benjamín Jarnés fue quien más le ayudó y también Corpus Barga y Juan José Domenchina. Nada quisieron saber José Bergamín, Max Aub y, especialmente, Antonio Machado, que se negó en redondo a firmar el documento en apoyo de Ros que el propio José Janés, Ontañón y Benjamín Jarnés le llevaron. Dice Janés que aquel día Benjamín Jarnés casi lloró.

2-XI-2006

Margarita de Foxá

Los libros de memorias son mi perdición. Estos días he estado leyendo las de Wenceslao Ramírez de Villa-Urrutia, marqués de Villa-Urrutia. Se titulan *Palique diplomático. Recuerdos de un embajador* y se publicaron en Madrid en los años 20. En esos recuerdos de la vida diplomática de quien fue ministro de Alfonso XIII y embajador en Londres y París he vuelto a encontrarme con la figura de Margarita de Foxá y Calvo de la Puerta, Marquesa de Casa Calvo, otro miembro ilustre de la familia del poeta Agustín de Foxá. Margarita estuvo casada con el también diplomático y aristócrata Julio de Arellano y Aróspide, a quien Villa-Urrutia sustituyó en París como primer Secretario de Embajada. Lo que escribe de ambos en sus memorias Villa-Urrutia no tiene desperdicio: "Tenía Arellano grandes condiciones para la diplomacia a la antigua usanza, porque, además de una extraordinaria flexibilidad de espinazo y de una lengua naturalmente adaptada para la lisonja, condiciones siempre muy apreciadas, no conocía el respeto a la verdad". De creer a Villa-Urrutia debió de ser Arellano un embustero compulsivo, pues no solo mentía "cuando así lo exigía la buena educación" sino que en él la mentira "constituía una segunda naturaleza". Asegura Arellano que su mujer, "bellísima habanera con rostro de Madonna florentina", también debía de mentir lo suyo, "acaso por contagio", y que murió tempranamente antes de ver cumplido su sueño de hacer con su marido los honores de una embajada. En realidad, Margarita de Foxá, a quien retrataron entre otros Sorolla y Moreno Carbonero, murió en 1904 y dos años más tarde se publicó en París su único libro, *Páginas olvidadas*, un rarísimo volumen de cuentos, tan bello por fuera como insulso por dentro, del que solo se tiraron 200 ejemplares en papel japón y que ya nadie recuerda.

19-I-2012

María Pilar Sinués

A María Pilar Sinués (Zaragoza, 1835) se la conoce más por su rocambolesca boda por poderes con el escritor José Marco sin haberse visto una sola vez en la vida, que por sus libros de versos y sus novelas. Casi nadie la ha leído, pero muchos conocen su romántica vida entregada generosamente a la literatura. Federico-Carlos Sainz de Robles ayudó a mantener su recuerdo al darle voz propia en su conocido *Ensayo de un diccionario de la literatura* (1953), y resumió así su vida: "Ganó mucho dinero, que dilapidó 'principescamente' en caprichos y 'romantiquerías'. Su última novela fue *Morir sola* y sola murió, pobrísimamente, hallándola muerta su sirvienta al volver a casa". Sucedía en Madrid y corría el año 1893. Pero a la vez fue inmisericorde con ella y calificó sus libros de "una mezcla rara de sensiblería, de exaltación, de filosofía vulgar y de prosa de bisutería". Aquí se la ha estudiado bien: desde Rosa María Andrés y José Luis Calvo en *La novela aragonesa del siglo XIX* hasta Ana María Navales, y desde Maruja Collados (que le dedicó un gran artículo en *Heraldo de Aragón* en febrero de 1987) hasta José Luis Bartolomé, aquel finísimo bibliófilo, escritor y crítico literario, con quien me veía casi a diario en la librería de viejo de Inocencio Ruiz y que nos dejó prematuramente hace unos pocos años. Lo que hoy me gustaría recordar es que Bartolomé contó en un artículo de 1990 que el manuscrito de *Rosa*, la primera novela de la autora, de 1857, había vuelto a Zaragoza. Tenía la apariencia de un libro en 8º mayor, con encuadernación de época y lomera cuajada, y un tejuelo en el que se lee "Rosa" y debajo "Novela". Lo había adquirido un bibliófilo zaragozano (Bartolomé no daba pistas sobre quién pudiera ser éste) y es quizá el único original de la autora que se conoce. ¿Qué habrá sido de él? ¿Dónde estará hoy ese manuscrito? ¿Sería, como parece probable, del propio Bartolomé? Y de ser así, ¿lo venderían sus herederos? Algún día lo sabremos.

12-II-2015

María Verdejo

María Verdejo Durán es apenas un suspiro en la historia de la literatura. Había nacido en Cascante en 1830, hija del ingeniero militar Nicolás Verdejo que decidió fijar su residencia en Zaragoza en 1851 junto con su esposa y sus seis hijas. No imaginaban entonces María ni sus padres qué poca vida les quedaba. En marzo de 1854 moría don Nicolás y nueve meses más tarde lo hacía su esposa doña Águeda. María apenas les sobreviviría un año. Moriría del cólera en Zaragoza en julio de 1855. Tenía solo veinticuatro años y había publicado dos libros que hoy ya nadie recuerda. En 1853, en la zaragozana imprenta de Antonio Gallifa, se imprimió su primer y único libro de versos, *Ecos del corazón*, que dedicó a su tía la baronesa de San Vicente. El libro, que lleva una litografía con un retrato de la autora, se abre con una nota de ésta en la que pide que "cierre este libro sin leerlo quien no guste de oír tristezas: yo he cantado casi siempre con el acento de la melancolía". Y así son en verdad sus versos: melancólicos y un poco cursis y relamidos, aunque pueden salvarse con decoro unas octavas reales dedicadas a los Sitios de Zaragoza y un soneto escrito para José Nicolás de Azara. Un año más tarde, la zaragozana María del Pilar Sinués le dedicaba su leyenda fantástica en verso "El palacio de los genios", que se incluiría en *Cantos de mi lira*, y aparecía en Madrid, impreso por Manuel Morales en la calle del Colmillo, el que iba a ser su último libro: *La estrella de la niñez*, escrito para la educación de las niñas, en el que da las pautas para que éstas puedan ser el día de mañana "bondadosas, cristianas, virtuosas, fuertes e ilustradas" y estructura sus enseñanzas en veinticuatro lecciones, cada una precedida por un poema, que tratan sobre la obediencia, la envidia, la murmuración o la vanidad. Todo demasiado lejano para los lectores de hoy.

8-III-2007

Alfredo Marqueríe

Murió en el verano de 1974 en un accidente de tráfico. Tenía 67 años. Su coche, un humilde Seat 127, que conducía su mujer, chocó frontalmente con otro vehículo y ambos esposos perdieron la vida en un pueblo olvidado de Cuenca, de cuyo nombre tal vez nunca hubieran oído hablar: Minglanilla. Había sido uno de los periodistas y críticos teatrales más importantes de España. Comenzó haciendo la crítica teatral en *Informaciones* y de ahí pasó a *ABC* y más tarde a *Pueblo*. Fue redactor del diario *España* de Tánger (aquel que fundó en plena Guerra Civil el periodista y crítico taurino Gregorio Corrochano, que fue su primer director bajo la tutela de Juan Beigbeder, y que también llegaría a dirigir Eduardo Haro Tecglen) y corresponsal en muchos países. Falangista de primera hora, entrevistó a Goebbels en Berlín para *Informaciones* y colaboró en febrero de 1939 en La Novela del Sábado (aquella colección en la que Franco reeditó su *Marruecos. Diario de una bandera*), con una curiosa novela: *Blas y su mecanógrafa*. En su juventud había publicado algunos libros de versos que ya nadie recuerda. Cansinos fue con él de una crueldad extraordinaria y contó que Ruano lo trataba "con visible desdén, como a su discípulo y secretario, mejor dicho, como a su perro leal". Lo que hoy puede leerse de Alfredo Marqueríe son sus textos memorialísticos, de los que escribió no pocos: *En la jaula de los leones (memorias y crítica teatral)*, de 1944, *El teatro que yo he visto*, de 1969, o, sobre todo, el que fue su último libro: *Personas y personajes (memorias informales)*, publicado en 1971. En éste cuenta, con manifiesto afán denigrante y grosería imperdonable, algunas tristes anécdotas de Antonio Machado: su relación con una pobre meretriz, la historia del billete de lotería premiado que no pudo cobrar al haberlo utilizado para remediar necesidades fisiológicas que no vienen al caso, y la del macarrón adherido al chaleco de don Antonio, que Marqueríe vio allí días y días.

15-I-2015

José Nakens

En cualquier historia de España que trate de la segunda mitad del siglo XIX o del primer tercio del siglo XX la presencia de José Nakens es casi tan familiar como la de algunos de sus protagonistas más destacados. Fue el prototipo del republicano anticlerical y en las casas biempensantes nombrar a Nakens era lo mismo que escuchar la peor de las blasfemias. Fundó el periódico *El Motín* para tratar de debelar a la clerigalla, y publicó algunos libros muy populares entre los izquierdistas y sotanófobos exaltados de la época, entre ellos *Virtudes del clero*, en el que comentaba los cánones de algunos viejos Concilios: por ejemplo aquel del primer Concilio de Toledo que establecía "que si la muger de un clérigo pecase, puede éste atarla en su casa, hacerla ayunar y castigarla, mas no quitarle la vida"; algunos del Concilio de Londres, que establecían que "los hijos de los sacerdotes no heredarán iglesias de sus padres"; ese otro del Concilio de Gran que prohibía a los clérigos "tener taberna y exercer la usura"; o el del Concilio de Reims, que les impedía "tener mujeres o concubinas, so pena de ser privados de sus funciones y beneficios". Fue, en cualquier caso, un hombre de una pieza, de esos que por mantener sus ideas son capaces de todo. Siempre rechazó el anarquismo partidario de la acción directa y discutió con Angiolillo, el asesino de Cánovas, a quien llegó a decirle que el anarquismo defensor de la violencia "iba a conseguir que se entronizara la reacción en toda Europa". Siendo como era contrario a los atentados de los anarquistas, protegió a Mateo Morral después de que éste intentara asesinar a los reyes. Morral se presentó en su casa tras el atentado y le pidió socorro, y Nakens lo escondió en casa de un amigo en el Puente de las Ventas. Después le confesaría a Alfonso Camín: "Yo no salvé a Morral por regicida. Lo salvé por hombre, por necesitado de amparo, porque confió en mi palabra y en mi honor" y "porque yo no nací para delator. Cien veces ante un caso de esa índole, cien veces haría lo mismo: callar". Aquello le costó dos años de cárcel y en la Modelo escribió sus memorias *Trozos de mi vida*.

10-VI-2010

Iván de Nogales

Uno de los más curiosos libros de la poesía española del siglo XX es *Nueces eroticolíricas, heteroclitorizadas y efervescentes* (1921) del mirobrigense Iván de Nogales. Me costó muchos años encontrarlo. Estaba dispuesto a cometer alguna pequeña locura por hacerme con él. Y cuando menos lo esperaba, un corredor de libros de Barcelona me lo consiguió por una cantidad ridícula, pues lo encontró en algún baratillo de los Encantes y solo accedió a cobrarme una pequeña comisión por la compra. El libro, tras un dintel disparatado en el que el autor se declara hijo de "la inmortal Poesía y el divino Apolo", comienza así: "Estas composiciones mías son pornográficas (pueden escrioirse), pornorales (pueden declamarse), pornolíricas (pueden cantarse) y pornocurrírseme otra cosa pueden decirme ustedes lo que son más". Después de este preámbulo imagínense ustedes lo que puede ser el libro, que termina de esta forma grotesca: "El paladín de ensueños de cien damas por lo menos y tres vírgenes es mi falo". Ahí es nada. González Ruano contaba que Nogales —que hacía vender el libro con un cascanueces que estaba incluido en el precio— solía ir acompañado de una especie de escudero, a quien llamaban Guzmancito, que en medio de las tertulias le decía al poeta: "¿Le rasco un poco, don Juan?". Y se ponía a rascarle entre la negra y abundante cabellera rizosa que lucía nuestro hombre y que se aprecia bien en alguna de las fotografías que de él se han conservado. Juan Manuel de Prada le dedicó una semblanza insuperable en la que transcribe parte de la necrología que escribió Ruano en 1929 —dos años después de que el poeta muriera en Hendaya tal vez a causa de la sífilis— con una lista de las rarezas del difunto y entre ellas ésta: "Hacía preguntas raras en las tiendas fúnebres, como aquella que hizo delante de mí: se me han muerto dos mellizos ¿Se entierran en un ataúd o en dos?".

1-V-2014

Teresa Wilms

Teresa Wilms era tan hermosa que algunos escritores "chocheaban visiblemente" al perseguirla. Y porque no sabía qué hacer con su belleza murió en un hospital de París la Nochebuena de 1921. Eso al menos contaba Ramón Gómez de la Serna, que escribió sobre la escritora chilena en *La sagrada cripta de Pombo* y la recordaba bebiendo ajenjo en su tertulia para llamar la atención de aquellos que admiraban la anarquía "dolorosa" en la que vivían tantos escritores aquellos días. No decía Gómez de la Serna que la Wilms se había suicidado con una fuerte dosis de veronal, que sufrió una larga agonía y que apenas tenía 28 años. No solo escribió de ella el gran Ramón: también lo hicieron Vicente Huidobro, Juan Ramón Jiménez, Cansinos y Guillermo de Torre; Gómez Carrillo y Valle Inclán (que prologaron dos de sus libros); y, desde luego, César González Ruano, que la recordó en *Mi medio siglo se confiesa a medias*: "Era bellísima y estrafalaria. Paseó por nuestra ciudad sus locuras, su capa inverosímil, la calavera de su primer amante y sus excentricidades de morfinómana". Era rica por su casa y se dejó pintar por Julio Romero de Torres. Su libro *En la quietud del mármol*, de 1918, lo firmó como "Thérèse" Wilms Montt y también solía firmar como Teresa de la Cruz (con una cruz dibujada) "para embobamiento de los empecatados", que decía Ramón. Lo último que escribió fue un breve diario que envió a la revista argentina *Nosotros* y que se publicó al año siguiente de su muerte, en 1922. Lo editó Nascimento en Santiago de Chile y se tituló: *Lo que no se ha dicho...* En ese diario, escrito entre Londres, Liverpool y Madrid y terminado y fechado en París en 1921, Teresa Wilms anunció ya su muerte: "Nada tengo, nada dejo, nada pido. Desnuda como nací me voy... Sufrí y es el único bagaje que admite la barca que lleva al olvido".

10-III-2011

De libros, bibliomanías y otras extravagancias es una versión actualizada, corregida y aumentada del discurso de apertura del Curso Académico de las Academias de Aragón que con el título de *El patrimonio bibliográfico en bibliotecas particulares* pronuncié en el Paraninfo de la Universidad de Zaragoza el 7 de noviembre de 2023. Fue editado por la Real Academia de Nobles y Bellas Artes de San Luis y del libro se hizo una corta tirada no venal.

Poetas, buhoneros y demás ralea (30 semblanzas) reúne una pequeña selección de treinta textos escritos entre 2006 y 2015 con intención de recordar a escritores y personajes olvidados. Se publicaron originalmente en *Heraldo de Aragón,* gracias al ofrecimiento de Antón Castro, y luego se recogieron en mis libros *La vida de los libros, Escritores y escrituras* y *El tenedor de libros.* Todos ellos han sido revisados y en algunos casos ligeramente reformados.

3 - José Luis Melero

BIOBIBLIOGRAFÍA

Foto: M. Micheto

José Luis Melero Rivas
(Zaragoza, diciembre de 1956)

Es autor de más de una veintena de libros, entre ellos *Leer para contarlo. Memorias de un bibliófilo aragonés* (2003, 2.ª edición, 2015 y 3.ª edición, 2023), *Los libros de la Guerra* (2006), *La vida de los libros* (2009), *Escritores y escrituras* (2012) *Manual de uso del lector de diarios. Una selección bibliográfica* (2013), *El tenedor de libros* (2015, 2.ª edición, 2016), *La jota aragonesa en algunas de sus coplas más antiguas o desconocidas* (2016), *Una aproximación a la bibliofilia: los libros, la vida y la literatura* (2017), *El lector incorregible* (2018), *Vitrina de libros aragoneses* (2021), *Lecturas y pasiones* (2021), *Apostillas y digresiones* (2022), *Por las montañas de Jaca y otros textos altoaragoneses* (2023), *Las lápidas de la memoria* (2023), *El patrimonio bibliográfico en bibliotecas particulares* (2023) o *Bibliotecas y extravíos* (2024). En 1990 editó con el profesor Antonio Pérez Lasheras el facsímil de la revista *Poemas.* Con el director del Centro del Libro José Luis Acín preparó para la editorial Olañeta dos antologías de cuentos aragoneses: *Cuentos aragoneses* (1996) *y Más Cuentos aragoneses* (2000), y es coautor de los tres primeros tomos de *La Jota ayer y hoy* (2005, 2006 y 2008), así como de más de un centenar de libros colectivos.

En 1977 fue uno de los fundadores del Rolde de Estudios Aragoneses y de la revista *Rolde*, de cuyo Consejo de Redacción forma parte desde entonces, y ha sido presidente del Rolde de Estudios Aragoneses y de la Fundación Gaspar Torrente para la investigación y desarrollo del aragonesismo. Es miembro de los Consejos de Redacción de las revistas *La Magia de Viajar por Aragón* y *El Ebro*, y formó parte en el pasado de los de las desaparecidas *La Magia de Aragón* y *Qriterio Aragonés.* Fue secretario de dirección de la Colección

"Poemas" de libros de poesía. Ha sido pregonero de la Feria del Libro Viejo y Antiguo de Zaragoza, de la Feria del Libro de Jaca y de la Feria del Libro Aragonés de Monzón. Escribió también en 2022 el pregón de las Fiestas del Pilar de Zaragoza. Los cuatro pregones fueron impresos en cuidadas ediciones de tirada limitada.

Ha participado en una veintena de películas, documentales y cortometrajes, y especialmente en cinco proyectos dirigidos por David Trueba: la película *Vivir es fácil con los ojos cerrados* (2013), que obtuvo seis Premios Goya; el documental *Salir de casa* (2016) sobre el músico Francisco Nixon; la tercera temporada de la serie *¿Qué fue de Jorge Sanz?* (2017); y los largometrajes *Saben aquell* (2023), sobre la vida del humorista Eugenio, y *Siempre es invierno*, pendiente de estrenar y basada en la novela *Blitz* del propio David Trueba. Es habitual colaborador de radio y televisión, destacando su participación en el programa *Vuelta Atrás* de Aragón Televisión desde su primera temporada, en Radio Zaragoza-Cadena SER (en programas como *A Vivir Aragón* y *La Rebotica*) y en Aragón Radio, donde dirigió y presentó el programa de entrevistas *Aragoneses en Aragón* junto a la periodista Genoveva Crespo.

Es Hijo Predilecto de Zaragoza, Hijo Adoptivo de Aguarón, Medalla de Oro de Santa Isabel de Portugal, Medalla de Plata del Mérito a la Justicia de la Orden de San Raimundo de Peñafort y Académico de número de la Real Academia de Nobles y Bellas Artes de San Luis, a cuya Junta de Gobierno pertenece en su condición de bibliotecario, y de la Academia Aragonesa de Gastronomía. Tiene un monolito con su nombre en el Paseo de las Letras de Monzón. Columnista de *Heraldo de Aragón* (donde ha publicado más de mil artículos), formó parte del Consejo Científico y del Consejo Editorial del Instituto de Estudios Turolenses. Fue miembro del Consejo de Administración del Real Zaragoza y de la Sociedad Municipal "Zaragoza Cultural, S.A.". En septiembre de

2016 recibió un homenaje de la Asociación Cultural "Ronda del Gancho" de Zaragoza y se le concedió el título de "Rondador predilecto". Ostenta el título de "Cachirulo Ilustre 2018", en la modalidad individual, en reconocimiento a su labor en la defensa y difusión de los valores aragoneses, y es desde 2005 miembro del Jurado del Certamen Oficial de Jota organizado por el Ayuntamiento de Zaragoza. Tiene también la insignia de oro del Real Zaragoza y la insignia de oro y brillantes de la Federación de Peñas del Real Zaragoza.

Es uno de los treinta socios de la asociación cultural "La Cadiera", fundada en 1948, y su Secretario desde noviembre de 2019; y uno de los treinta y cinco socios de la Peña Solera Aragonesa, fundada en 1975. Desde 2023 es asesor del Club de Lectura "Marcial" de la Universidad Nacional de Educación a Distancia con sede en Calatayud. Es patrono de la Fundación José Antonio Labordeta, miembro de la Real Sociedad Económica Aragonesa de Amigos del País, Premio Búho 2016 de la Asociación Aragonesa de Amigos del Libro, Premio Pairón 2018, Premio Aragón 2022 de la Fundación Aragonesista Chesús Bernal y Premio Heraldo a los Valores Humanos y al Conocimiento 2023.

Índice

Este libro,
De libros, bibliomanías y otras extravagancias
de José Luis Melero,
Premio de las Letras Aragonesas 2024,
se terminó de imprimir en la inmortal ciudad de Zaragoza,
con motivo de la concesión del citado premio,
el 15 de julio de 2025,
175 años después de que saliera a la calle
el primer número del periódico *El Zaragozano*,
diario de avisos que sustituyó al *Diario de Zaragoza*.